(주)로보로보 저

로블록스로 만드는
나만의 상상 놀이터
모델링편

YoungJin.com **Y.**
영진닷컴

로블록스로 만드는
나만의 상상 놀이터
모델링편

ISBN : 978-89-314-6634-8

독자님의 의견을 받습니다.

이 책을 구입한 독자님은 영진닷컴의 가장 중요한 비평가이자 조언가입니다. 저희 책의 장점과 문제점이 무엇인지, 어떤 책이 출판되기를 바라는지, 책을 더욱 알차게 꾸밀 수 있는 아이디어가 있으면 팩스나 이메일, 또는 우편으로 연락주시기 바랍니다. 의견을 주실 때에는 책 제목 및 독자님의 성함과 연락처(전화번호나 이메일)를 꼭 남겨 주시기 바랍니다. 독자님의 의견에 대해 바로 답변을 드리고, 또 독자님의 의견을 다음 책에 충분히 반영하도록 늘 노력하겠습니다.

이메일 : support@youngjin.com

주 소 : (우)08507 서울시 금천구 가산디지털1로 128 STX-V타워 4층 401호 ㈜영진닷컴 기획1팀

등 록 : 2007. 4. 27. 제 16-4189호

파본이나 잘못된 도서는 구입하신 곳에서 교환해 드립니다.

STAFF

저자 ㈜로보로보 | **총괄** 김태경 | **기획** 최윤정 | **디자인·편집** 김소연 | **영업** 박준용, 임용수, 김도현
마케팅 이승희, 김근주, 조민영, 김도연, 채승희, 김민지, 임해나, 이다은 | **제작** 황장협 | **인쇄** 제이엠

머리말

최근 메타버스(Metaverse)에 대한 관심이 높아지고 있습니다. 메타버스란 가상과 초월 + 현실 세계가 더해져 만들어진 초월한 세상을 말합니다. 메타버스에서는 우리가 살고 있는 현실 및 공간에 기초를 두고 현실의 물리적인 제약에서 벗어나 가상 세계에서 자연스럽게 소통하고 활동할 수 있습니다.

세계 최대 규모의 메타버스 게임 플랫폼인 로블록스(Roblox)에서 우리는 메타버스를 만날 수 있습니다. 로블록스 안에서는 내가 상상한 모든 것을 빠르고 쉽게 구현할 수 있고, 우리 친구들도 보다 쉽게 접할 수 있습니다. 또한, 다른 친구들이 만든 게임을 플레이할 수 있고, 내가 게임을 직접 제작할 수 있는 두 가지 경험을 할 수 있습니다.

이 책에서는 로블록스 스튜디오를 활용하여 3D 가상 공간을 구축하는 방법을 배우고 나만의 특별한 3D 공간을 만들 수 있도록 안내합니다. 이 책을 통해 로블록스로 나만의 상상 놀이터를 시행 착오 없이 만들고 내가 만든 공간에 전 세계 친구들과 함께 할 수 있기를 바랍니다.

자, 그럼 나만의 상상 놀이터를 만들러 떠나 볼까요?

목차

※ 〈혼자서도 잘해요〉 완성 파일은 영진닷컴 홈페이지에서 다운로드 받을 수 있습니다.
 - 영진닷컴 홈페이지(www.youngjin.com) 〉 고객센터 〉 부록CD 다운로드 〉 도서명 검색

CHAPTER 1

로블록스 스튜디오 시작하기

로블록스 스튜디오(Roblox Studio)는 게임을 만들고, 공유하고, 플레이할 수 있는 놀이터입니다. 이 플랫폼의 좋은 점은 화산섬부터 도시, 도시 환경까지 모든 것을 쉽게 건설할 수 있다는 것입니다. 상상 속의 세계를 만드는 데 필요한 모든 도구로 가득한 거대한 놀이터를 상상해 보세요. 그것이 바로 로블록스 스튜디오입니다.

로블록스 스튜디오 알아보기

로블록스 스튜디오 설치하기

다음 순서에 따라 로블록스 스튜디오를 설치해 봅니다.

01 http://www.roblox.com/create로 이동하여 [만들기 시작]을 클릭합니다.

02 팝업창에서 [Studio 다운로드] 버튼을 클릭합니다.

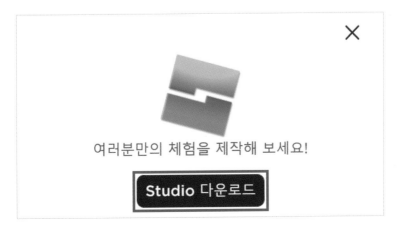

03 스튜디오를 다운로드한 폴더에서 파일을 두 번 클릭하여 설치합니다.

Roblox Studio 설치 중...

취소

로블록스 스튜디오 열기

로블록스 스튜디오 설치가 완료되면 다음을 실행합니다.

01 로블록스 스튜디오 아이콘을 두 번 클릭하여 로그인 창을 엽니다. 로블록스 사용자 이름과 암호를 입력 후 [로그인] 버튼을 클릭합니다.

02 스튜디오가 실행되면 다양한 템플릿과 스튜디오 메뉴가 나타납니다.

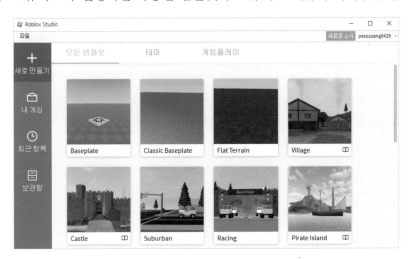

로블록스 스튜디오 템플릿 사용하기

로블록스 스튜디오를 처음 열면 새로 만들기(New)에 모든 템플릿, 테마, 게임플레이라는 세 가지 탭이 표시됩니다. 이 탭의 템플릿들은 로블록스에서 미리 작성하여 제공하는 프로젝트로, 이를 가이드로 사용하여 자신만의 게임 세계를 구축할 수 있습니다.

❶ 모든 템플릿(All Templates)

베이스플레이트(Baseplate), 성(Castle), 레이싱(Racing) 등 로블록스 스튜디오가 제공하는 모든 템플릿을 볼 수 있습니다. 테마와 게임플레이 탭에 있는 모든 템플릿들이 모여 있는 곳입니다.

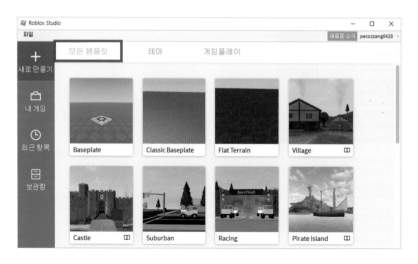

TIP 로블록스 스튜디오는 가상의 공간을 구성하는 데 필요한 템플릿을 제공합니다. 기본 템플릿을 불러온 후 새롭게 제작해서 사용하여도 되고, 아니면 기본 디자인이 되어 있는 템플릿을 사용해도 됩니다.

❷ 테마(Theme)

특정 주제에 맞는 환경이 주어져 있어 별도의 환경 제작 없이 사용할 수 있는 템플릿입니다.

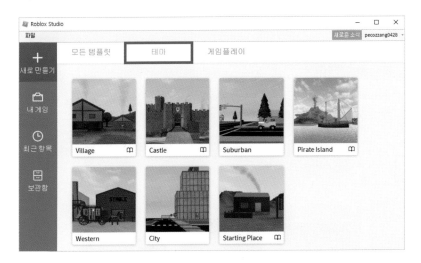

❸ 게임플레이(Gameplay)

바로 실행이 가능하도록 코드가 입력되어 있고, 스토리도 기본적으로 설정되어 있는 템플릿입니다. 레이싱, 장애물 달리기 게임 등 6가지 템플릿이 있습니다. 플레이를 누르면 바로 실행할 수 있고 간단한 미션도 수행 가능하지만, 완성된 템플릿이 아니기 때문에 직접 코드를 추가해서 완성된 프로젝트로 만들어야 합니다.

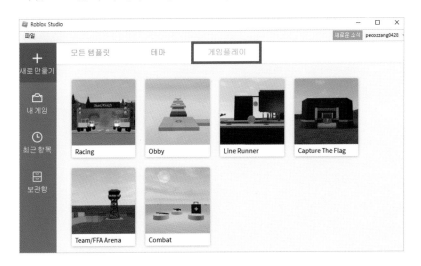

프로그램을 설명해요

게임 편집기 사용

[새로 만들기] – [모든 템플릿] – [Baseplate(베이스플레이트)]를 클릭하면 아무것도 없는 기본 환경이 생성됩니다. 여기에서 새로운 게임을 제작해 보도록 하겠습니다.

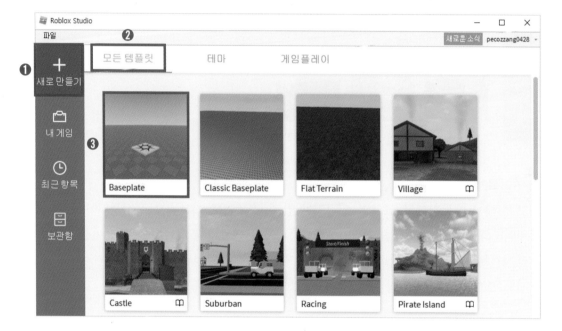

제작 환경이 실행되면 아래와 같은 화면이 나타납니다.

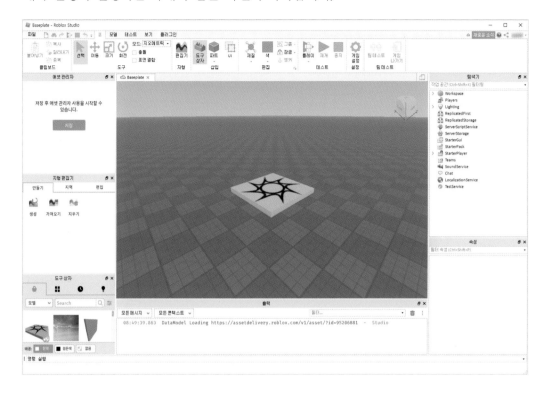

로블록스 스튜디오 메뉴 탭

로블록스 스튜디오의 메뉴 탭을 간단하게 살펴봅니다. 편집기의 기본 기능과 자주 사용하는 다양한 기능은 프로젝트를 진행하면서 설명하도록 하겠습니다.

❶ 홈(Home)

복사, 이동, 도구 상자 등 자주 사용하는 기본 툴이 있습니다.

❷ 모델(Model)

이동, 크기 및 회전 외에도 많은 제작 툴이 있습니다.

❸ 테스트(Test)

지형과 게임을 만든 후 플레이를 통해 시뮬레이션을 해 볼 수 있습니다. 주요 기능으로
는 실행 및 재생 등의 옵션이 있습니다.

❹ 보기(View)

로블록스 스튜디오에서 사용 가능한 창을 보이게 하거나 숨길 수 있습니다. 탐색기, 속
성, 도구 상자, 카메라 제어 등 다양한 보기 툴이 있습니다.

❺ 플러그인(Plugins)

스튜디오의 추가 기능입니다. 새 사용자 지정 동작 및 기능을 추가합니다. 로블록스 커
뮤니티에서 만든 플러그인을 설치하거나 직접 플러그인을 생성할 수 있습니다.

로블록스 스튜디오 화면 마우스 조작 방법

마우스 왼쪽 버튼

1. **클릭**
   1개의 개체만 선택할 수 있습니다.
2. **클릭하여 드래그**
   여러 개체를 선택할 수 있습니다.

휠

1. **스크롤**
   작업 화면이 zoom in/ zoom oul(확대/축소) 됩니다.
2. **클릭하여 드래그**
   작업 화면을 상하좌우 로 이동할 수 있습니다.

마우스 오른쪽 버튼

1. **클릭**
   기본적인 메뉴가 있는 편집 팝업이 생성됩니다.
2. **클릭하여 드래그**
   작업 화면이 회전됩니다.

NOTE

키보드 카메라 컨트롤

동작	작동 key
이동하기	W, A, S, D
카메라 위로 올리기	E
카메라 아래로 내리기	Q
카메라 천천히 움직이기	Shift
선택한 개체에 초점 맞추기	F

기본 메뉴 속성 알기

파트(Part)

로블록스는 캐릭터 및 개체(나무, 벽돌, 집, 캐릭터 등)가 서로 상호작용을 하고 반응을 하면서 게임이 진행됩니다. 이처럼 로블록스 스튜디오에서 만들거나 구성할 수 있는 개체들을 '파트(Part)'라고 부릅니다.

파트는 [홈] 탭 – [파트] 또는 [모델] 탭 – [파트]를 클릭해 기본 형태의 파트를 불러와 만듭니다.

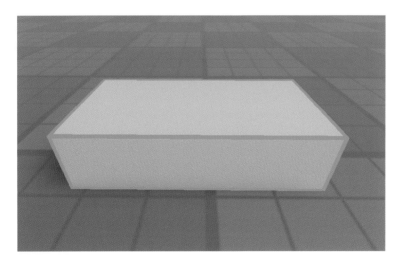

파트의 형태는 블록(Block), 구형(Sphere), 쐐기형(Wedge), 원통(Cylinder) 총 4가지가 있습니다.

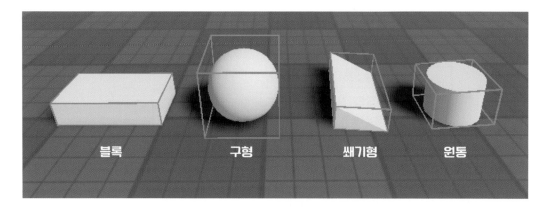

파트 만들기

로블록스에서 파트의 기본 형태는 블록입니다. 블록 파트를 생성해 보세요.

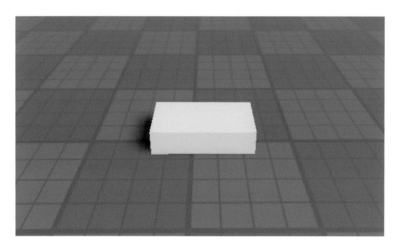

파트 이름 바꾸기 및 탐색기(Explorer)

파트에 이름을 지정하려면 다음과 같이 수행합니다.

– 탐색기 창에서 파트를 두 번 클릭합니다.

– 파트 이름을 바꿉니다.

– 공백은 사용하지 않습니다.

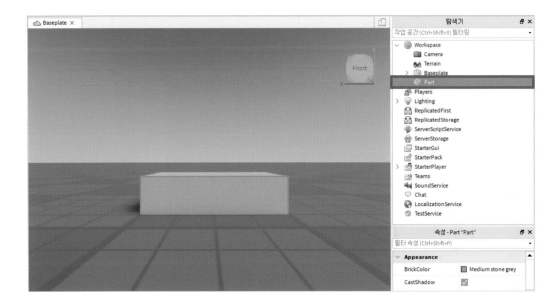

TIP 이름 변경은 마우스 오른쪽 버튼 클릭 – 이름 변경으로도 할 수 있어요

NOTE

로블록스 스튜디오의 탐색기 창

탐색기 창에서는 조명, 파트, 아이템, 루아 스크립트, 소리 파일 등 게임에 사용되는 각종 정보들을 확인할 수 있습니다. 로블록스 게임의 모든 구성, 보기 및 테스트 기능이 들어 있기 때문에 가장 중요한 창입니다.

파트 속성(Properties) 창 영역

파트를 추가하면 속성 창 영역에 정보가 생성됩니다. 속성 창에는 파트에 대한 모든 세부 정보가 나열됩니다. 크기 및 색상과 같은 속성이 있으며 개체의 모양과 동작에 대한 정보가 표시됩니다.

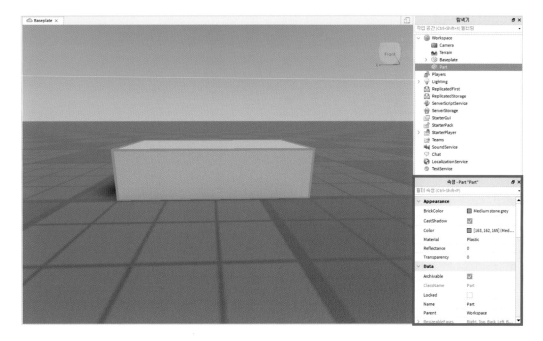

TIP 속성 창에서는 파트의 재질, 반사율, 투명도, 충돌, 앵커, 파트의 모양도 변경 가능합니다. 설정을 다양하게 변경해 보면서 기능을 확인해 보세요.

이동(Move), 크기(Scale), 회전(Rotate)

파트의 이동 및 회전은 [홈], [모델] 탭에서 할 수 있습니다. 어떻게 사용하는지 알아보도록 하겠습니다.

❶ 이동(Move)

파트를 자유롭게 이동할 때 사용합니다. [홈] 또는 [모델] 탭에서 [이동] 아이콘을 클릭합니다.

선택한 개체에 X, Y, Z 방향의 화살표가 보입니다. 화살표 중 하나를 클릭한 상태로 드래그하면 해당 축을 따라 파트가 이동합니다.

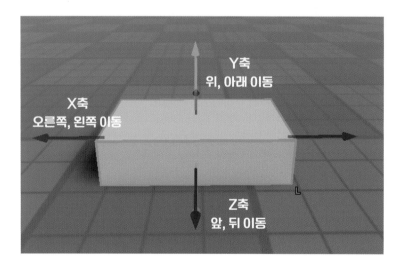

❷ 크기(Scale)

파트의 크기를 조정하려면 [홈] 또는 [모델] 탭에서 [크기] 아이콘을 클릭합니다.

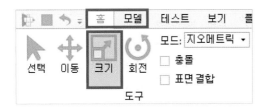

파트를 선택하면 동그란 모양의 X, Y, Z가 나타납니다. 그 중 하나를 클릭한 상태로 드래그하면 해당 축을 따라 크기가 조정됩니다.

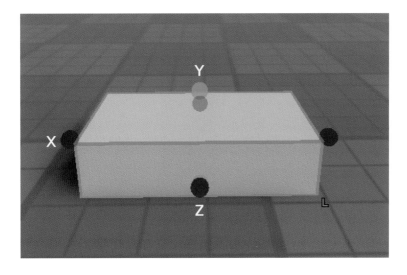

❸ 회전(Rotate)

파트를 회전하려면 [홈] 또는 [모델] 탭에서 [회전] 아이콘을 클릭합니다.

선택한 파트에 X, Y, Z 방향의 회전 궤도와 원형 연결선이 보입니다. 그 중 하나의 축을
클릭한 상태로 드래그하면 축을 따라 파트가 회전합니다.

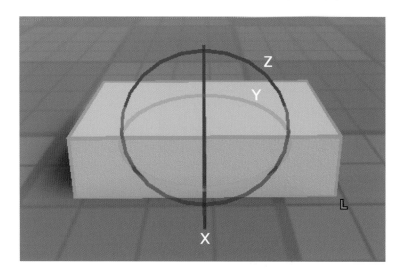

❹ 변형(Transforming)

변형 도구는 일체형 도구로, 하나의 연속 작업 내에서 이동, 크기 및 회전이 가능합니다. 이동, 크기, 회전의 묶음이라고 생각하면 됩니다. 기본적으로 가능한 모든 방법으로 파트를 변형시킬 수 있습니다.

 변형은 [모델] 탭에만 있어요.

파트를 선택한 상태에서 [변형] 도구를 클릭하면 파트 주위에 마커가 나타납니다.

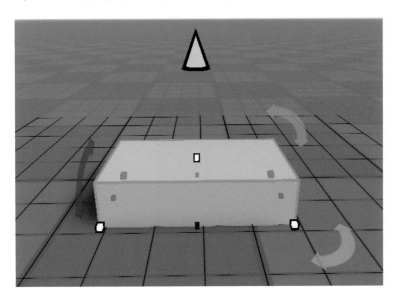

노란색 원뿔은 파트를 위아래로 이동하는 데 사용됩니다. 빨간색, 초록색 및 파란색 화살표는 X, Y, Z에서 파트를 회전하는 데 사용됩니다.

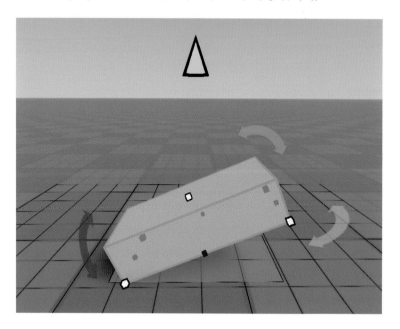

흰색 상자는 부착된 부분의 측면 크기를 변형하는 데 사용됩니다.

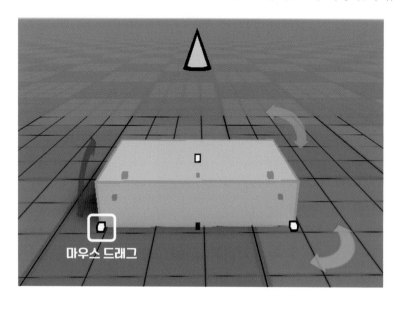

흰색 상자를 드래그하면 스터드(Studs, 베이스플레이트를 구성하는 각 단일 사각형의 측정값)가 나타나는데, 원하는 스터드만큼 조정할 수 있습니다.

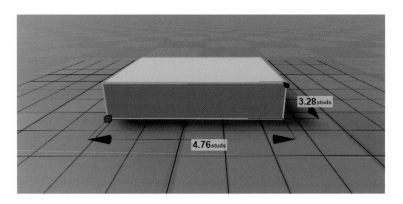

로블록스 거리 단위 '스터드'

로블록스는 파트 및 개체의 가로, 세로, 높이 단위로 스터드(Studs)를 사용합니다(1stud = 약 5cm). 파트의 위치인 좌표도 스터드로 나타냅니다. 파트를 결합하거나 이동할 때 [모델] 탭 - [이동]을 체크하여 스터드 값을 조절하면 됩니다. 부드럽게 이동하려면 스터드 값을 낮추고 정확한 값으로 이동하려면 스터드 값을 높입니다.

스냅(Snapping), 충돌(Collisions), 고정(앵커, Anchoring)

기본 도구의 내용을 익혔으면 스냅 및 충돌, 고정에 대해 알아보겠습니다.

❶ 스냅(Snapping)

스냅은 한 번에 이동, 크기 또는 회전하는 양을 의미하며, 이를 통해 개체를 완벽하게 정리할 수 있습니다. 스냅에는 회전과 이동 두 가지 유형이 있습니다.

회전 스냅을 사용하면 지정된 각도만큼 파트를 회전할 수 있습니다. 이 경우, 모든 물체가 단계별로 45°씩 회전합니다.

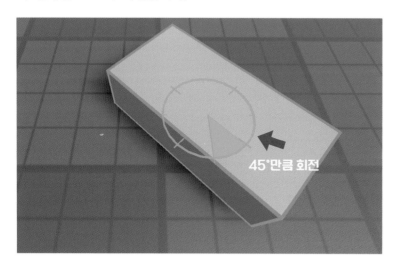

이동 스냅은 이동 및 크기 모두에 대한 스냅 카운트를 지정합니다. 이 경우, 모든 파트는 단계마다 스터드 한 개씩 이동하고 스터드 한 개씩 크기가 변합니다.

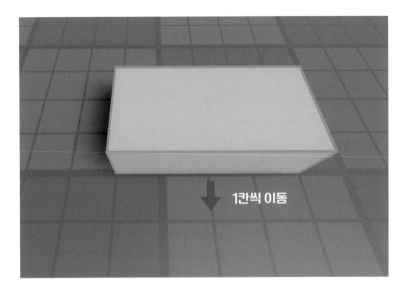

회전하는 각도와 이동하는 스터드 지정을 해제하려면 체크박스를 해제하고, 다시 실행하고 싶으면 체크박스를 활성화합니다. 정밀하게 이동하거나 회전하고 싶을 때는 움직이려고 하는 회전, 이동 값을 낮추면 좀 더 부드럽게 움직일 수 있습니다.

❷ 충돌(Collisions)

충돌 기능을 사용하여 파트의 이동 가능 여부를 확인할 수 있습니다. 충돌을 활성화하면 다른 파트와 겹치는 곳으로 파트를 이동할 수 없습니다.

충돌을 활성화하려면 [모델] 탭에서 [충돌]의 체크박스를 클릭합니다. 그러면 화면이 켜지면서 회색으로 강조됩니다. 충돌을 해제하면 파트 이동 시 파트가 다른 파트에 닿을 때마다 반투명하게 표시되는데, 이는 충돌이 발생하고 있음을 나타냅니다.

충돌을 활성화하면 옆 파트와 겹치지 않음

충돌을 해제하면 옆 파트와 겹칠 수 있음

❸ 고정(앵커, Anchoring)

파트를 이동하고 싶지 않다면 고정해 둬야 합니다. 그래야 게임을 진행할 때도 정지 상태로 유지되고 다른 플레이어와 파트가 부딪혔을 때 움직이지 않습니다.

[모델] 탭 또는 [홈] 탭의 [앵커] 버튼으로 파트를 쉽게 고정 및 해제할 수 있습니다. 다른 방법으로는 파트 속성 창의 'Anchored'에서도 설정이 가능합니다.

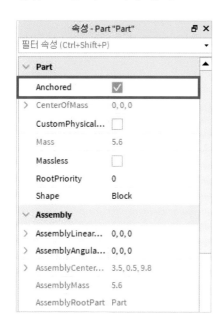

TIP 다른 기능 버튼도 클릭/해제해 보면서 속성들을 사용해 보세요.

저장 및 게시

프로젝트 저장 및 게시

게임 편집기에서 제작한 프로젝트를 저장하고 게시하여 다른 사람과 공유할 수 있습니다.

❶ 프로젝트 저장

로블록스는 프로젝트를 자동으로 저장하지 않으므로, 직접 저장 버튼을 눌러 저장해야 합니다. 프로젝트를 저장하는 방법은 두 가지가 있습니다.

① **로컬 바탕 화면에 저장 :** 메뉴 모음에서 왼쪽 상단에 있는 [파일]을 클릭한 다음, [파일에 저장] 을 클릭합니다. 그러면 현재 템플릿 이름이 유지되며 .rbxl 파일로 저장됩니다. [다른 이름으로 저장]을 선택하면 파일 이름을 변경할 수 있습니다.

② **로블록스 서버에 저장** : [파일] – [다음으로 Roblox에 저장]으로 로블록스 서버에 프로젝트를 저장할 수 있습니다. 이렇게 하면 작업이 로블록스 서버의 안전한 장소에 저장되어 다른 컴퓨터에서도 작업한 내용을 불러올 수 있습니다.

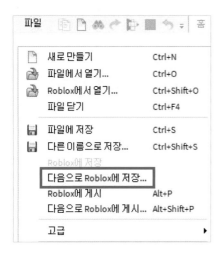

❷ 프로젝트 게시

게임을 유저에게 공개하기 위해서는 프로젝트를 게시해야 합니다. 로블록스 서버를 통해 게임을 공개하면 로블록스의 다른 플레이어가 게임을 플레이할 수 있습니다.

01 [파일] – [Roblox에 게시]를 선택하여 게시 창을 엽니다.

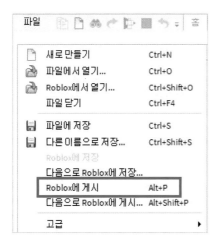

 이름을 나만의 게임으로 변경할 수 있어요. 설명에 상세하게 개발 기획 의도를 작성하면 더 좋습니다.

02 이름과 설명(선택)을 입력 후 [만들기] 버튼을 클릭합니다.

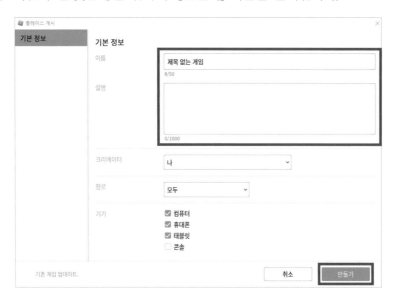

플레이 테스트

플레이 테스트

플레이 테스트는 모든 것이 잘 작동하는지 확인하기 위해 게임을 플레이해 보며 틀린 부분 또는 더할 부분을 알아내는 과정입니다. 플레이 모드에서 수정 및 변경이 가능하지만 변경된 내용이 저장되지는 않습니다. 테스트 종료 후 편집으로 돌아가서 다시 변경해야 합니다. 이 점을 꼭 기억하세요.

❶ 게임 테스트 실행

게임 테스트를 하려면 다음을 참고해야 합니다.

01 게임을 저장합니다. 파일 이름 바꾸는 것을 잊지 마세요.

02 [테스트] 탭 – [플레이]를 누릅니다. [홈] 탭에서도 플레이 버튼을 찾을 수 있습니다.

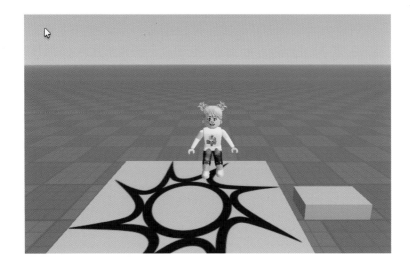

❷ 플레이 테스트 중지

플레이 테스트를 중지하려면 [홈] 탭 또는 [테스트] 탭에서 빨간색 [중지] 버튼을 누릅니다. 제작한 게임을 수정하려면 반드시 중지 버튼을 누른 후 편집 모드에서 변경 사항을 저장해야 합니다.

TIP 변경된 내용을 저장하려면 꼭 플레이를 중지시킨 후 해야 하는 것을 잊지 마세요!

혼자서도 잘해요

01 아래에 주어진 미션에 맞게 로블록스 스튜디오를 활용하여 게임을 제작해 보세요.

❶ 새로운 템플릿을 만듭니다.
❷ 파트를 추가합니다.
❸ 파트 이름을 'running_on'으로 변경합니다.
❹ 파일을 저장하고 로블록스에 게시합니다.
❺ 게임을 플레이합니다.

02 간단한 장애물 게임을 만들어 보세요.

❶ 점프 게임을 만들기 위해서는 크기와 모양이 다른 파트를 5개 이상 추가해서 제작합니다.
❷ 파트와 파트 사이를 점프할 수 있는지, 바닥으로 떨어지지 않게 고정이 잘 되어 있는지 확인합니다.

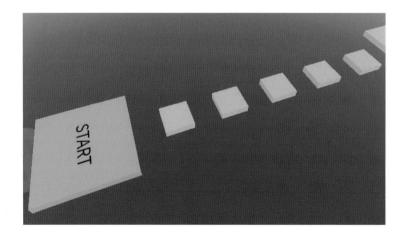

CHAPTER 2

파트(Part) 만들기

로블록스 스튜디오에서는 파트를 생성하고, 생성한 파트를 사용하여 소품, 도시, 자동차, 건물 등 다양한 개체를 제작할 수 있습니다. 파트는 재질, 색상 등 내가 원하는 대로 다양하게 변경하여 창작물을 만들어 낼 수 있습니다. 파트를 만들어 모양을 변형하거나 스티커(Decal) 및 텍스처(Texture)를 추가하고 수정하는 방법을 알아보도록 하겠습니다.

모델링 익히기

파트 만들기

파트를 만드는 방법을 살펴보겠습니다. 파트는 원하는 대로 크기를 크게 또는 작게 만들수 있으며, 질감과 색상을 바꿀 수도 있습니다. 로블록스 스튜디오의 모든 파트를 활용하여 다양한 창작물을 만들 수 있습니다.

01 [새로 만들기] – [모든 템플릿] – [Baseplate]를 선택합니다.

02 [홈] 탭 – [파트]를 클릭하면 파트가 스폰(spawn) 중앙에 배치됩니다.

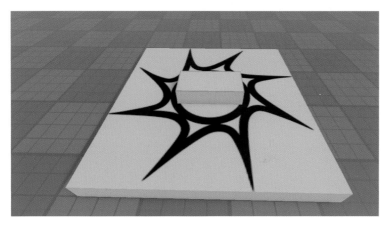

파트를 만든 후에는 파트를 스폰 밖으로 이동하여 모양을 수정합니다. 이 작업은 생성된 파트의 속성 창에서 실행할 수 있습니다.

01 스폰에 올라와 있는 파트를 빈 플레이트로 이동시킨 후 파트를 선택합니다.

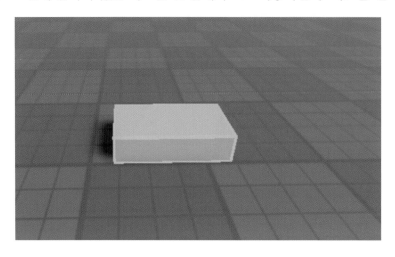

02 선택한 파트의 모든 속성을 보려면 속성 창의 [Appearance(모양)] 탭으로 이동합니다.

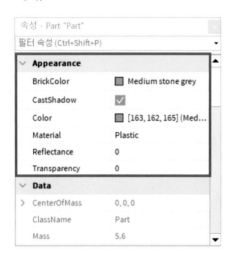

속성에는 색상, 재질, 반사율, 투명도 등 파트에 대한 여러 특성이 있습니다. 다음으로는 속성에 대해 자세히 알아보겠습니다.

NOTE

창 표시 / 숨기기

탐색기, 속성 등의 창이 숨겨진 경우, 상단 메뉴의 [보기] 탭에서 원하는 메뉴를 선택하여 창을 열 수 있습니다.

파트 색상 변경

색상은 파트 표면의 색상을 변경하는 데 사용합니다. 다양하게 색상을 변경하여 파트에 생동감을 불어넣을 수 있습니다.

색상은 [모델] 탭 – [색]의 아래 삼각형을 클릭한 후 선택합니다.

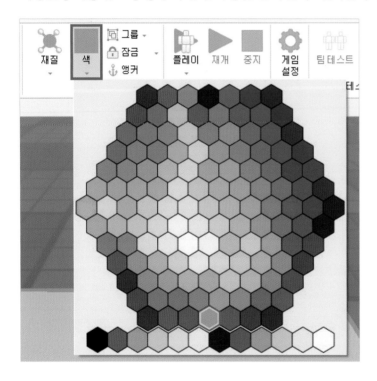

다른 방법으로 속성 창의 'BrickColor' 또는 'Color'에서도 색상을 변경할 수 있습니다. 아래와 같이 파트를 다양한 색상으로 변경해 보세요.

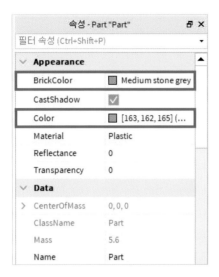

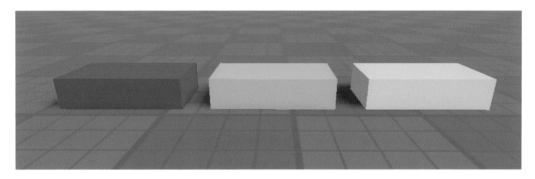

파트 재질 변경

파트에 재질을 넣으면 더 사실적인 외관을 표현할 수 있습니다. 실제처럼 재질을 변경하면 건물 등 다양한 곳에 생동감을 주고 잔디, 도시, 울창한 숲 등의 표현을 할 수 있습니다.

[모델] 탭 - [재질]의 아래 삼각형을 클릭하여 파트의 재질을 선택합니다.

다른 방법으로 속성 창의 'Material'에서도 재질을 변경할 수 있습니다.

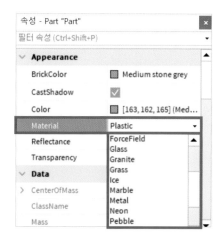

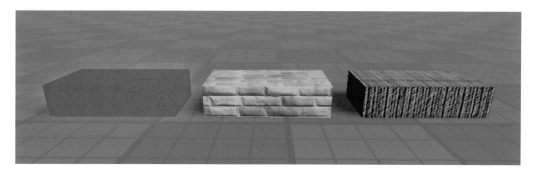

파트의 반사율(Reflectance) 및 투명도(Transparency)

파트의 반사율 및 투명도를 조절하여 표면에 광택을 주거나 투명하게 만들 수 있습니다.
반사율과 투명도 값은 속성 창의 'Reflectance'와 'Transparency'에서 숫자를 입력하거나
슬라이드 바를 움직여 조절합니다.

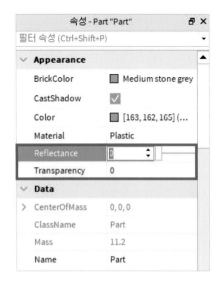

❶ 반사율(Reflectance)

파트의 표면에 광택을 줍니다. '1'로 설정하면 표면이 완전히 광택이 나고 '0'으로 설정하면 표면에 광택이 사라집니다.

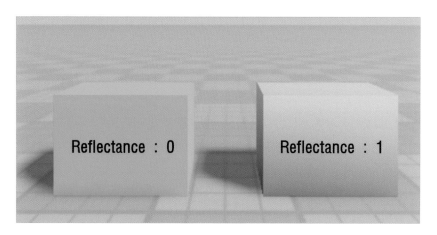

❷ 투명도(Transparency)

'0'으로 설정하면 파트가 불투명해서 잘 보이고 '1'로 설정하면 파트가 투명해져 보이지 않습니다. 유리 표면과 같이 투명한 물체를 만들 때 유용합니다.

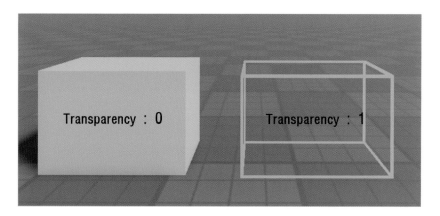

스티커(Decal) 및 텍스처(Texture) 만들기

많은 부분을 활용하여 재질을 표현할 수 있지만, 재질이 파트에 디테일을 추가하는 유일한 방법은 아닙니다. 재질 외에도 스티커(Decal)와 텍스처(Texture)를 사용할 수도 있습니다.

❶ 스티커(Decal)

스티커는 도로에 있는 광고물과 같이 질감이 전체 표면에 걸쳐 늘어나도록 사용할 때 적합합니다. 스티커 이미지를 만들어 업로드하면 나만의 게임 개체를 만들 수 있습니다.

01 애셋 관리자의 업로드 옵션을 사용하기 위해 게임이 게시되었는지 확인합니다. 게임이 게시되어 있어야 나만의 속성을 업로드하고 사용할 수 있습니다.

02 원하는 스티커 이미지를 만들거나 사용하고 싶은 이미지를 jpg 또는 png 형식으로 저장합니다.

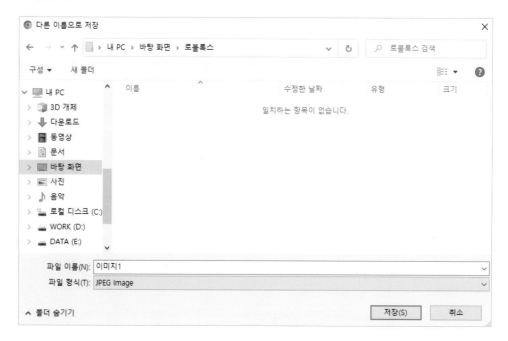

03 애셋 관리자 창에서 [일괄 가져오기]를 클릭합니다.

04 저장한 스티커 이미지를 선택하고 열기를 클릭합니다.

05 이미지가 업로드되면 애셋 관리자 창에서 내가 삽입하고 싶은 이미지를 마우스 오른쪽 버튼으로 클릭한 후, [ID를 클립보드로 복사]를 클릭하여 애셋 ID를 복사합니다.

06 탐색기 창에서 스티커를 넣고 싶은 파트의 '+' 버튼을 클릭하고 'Decal'을 추가합니다.

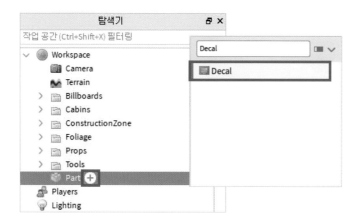

07 'Decal'의 속성 창에서 'Texture'의 빈 필드를 선택한 후, 복사한 애셋 ID를 붙여 넣기(Ctrl+V)합니다.

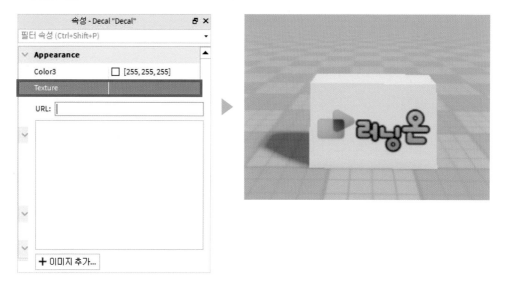

08 'Decal'의 색상 및 투명도를 속성 창에서 변경하면 다양한 스티커가 생성됩니다.

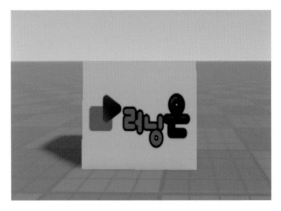

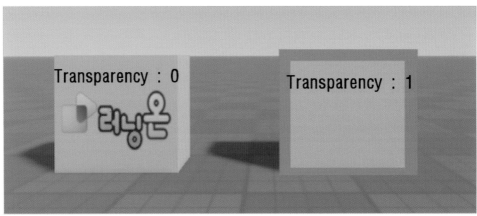

❷ 텍스처(Texture)

텍스처도 스티커와 마찬가지로 애셋에 원하는 이미지를 업로드하여 사용합니다. 하지만 유형의 차이가 있습니다. 가장 중요한 차이점은 이미지의 크기와 위치입니다. 텍스처는 이미지가 반복되어 배치되기 때문에 벽돌이나 도로 같은 곳에 사용하기 적합합니다.

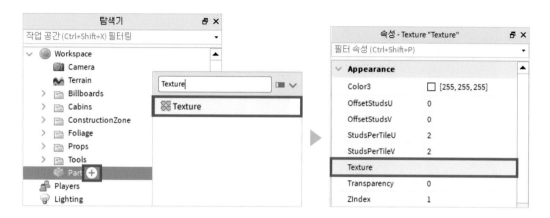

텍스처는 스티커와 동일한 특성(색상, 투명도 등)을 가지고 있으며 동일한 방식으로 작동합니다.

01 다음 그림에 보이는 것처럼 노란색 자갈 파트를 완성해 보세요.

TIP 색상과 재질 및 파트 모양을 변경해서 완성!

02 다음 그림을 보고 똑같이 완성해 보세요.

TIP 벽에는 텍스처, 포스터는 스티커를 사용해서 완성!

03 광고판이 있는 고속도로를 만들어 보세요.

❶ 파트를 사용하여 주 도로를 만들고 중간 구분선을 위해 파트를 분리합니다.

❷ 도로 및 분할선의 재질과 색상을 변경하여 아스팔트 및 페인트처럼 보이도록 만듭니다.

❸ 파트로 광고판을 만듭니다.

❹ 광고판 베이스 위에 스티커를 사용하여 광고물을 붙입니다.

CHAPTER 3

나만의 방 만들기

로블록스 스튜디오의 파트를 사용하여 편안하게 쉴 수 있는 공간인 방을 다양한 개체로 제작해 봅니다. 파트는 재질, 색상 등을 내가 원하는 대로 변경하여 창작물을 만들어 낼 수 있습니다. 도구 상자를 활용하면 다양한 가구를 불러올 수도 있습니다.

모델링 익히기

방 구조 만들기

로블록스의 모든 파트를 활용하여 나만의 방을 만들어 보세요.

01 로블록스 스튜디오에서 [새로 만들기] – [모든 템플릿] – [Baseplate]를 선택합니다.

NOTE

Dummy 생성

[플러그인] 탭에서 [리그 빌더] – [R15] 또는 [R6] – [블록리그]를 클릭하여 Dummy를 생성합니다. 나만의 방을 만드는 동안 Dummy의 크기와 비교하면서 파트를 제작합니다.

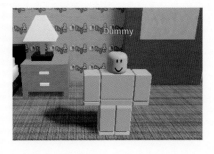

02 [홈] 탭 - [파트] - [블록]을 클릭하여 방의 바닥을 만듭니다.

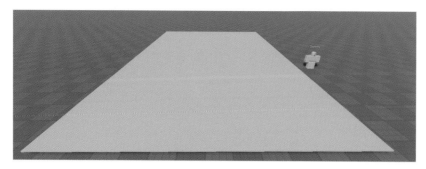

03 탐색기 창에서 파트의 이름을 'Base'로 변경합니다.

04 [홈] 탭에서 [재질]을 선택하여 질감을 변경합니다. 색도 변경해 보세요.

05 바닥을 만드는 과정과 동일하게 한 개의 벽을 작성한 다음, 복제(Ctrl+D)하여 세 면을 만듭니다. 그런 후 재질과 색상을 변경합니다.

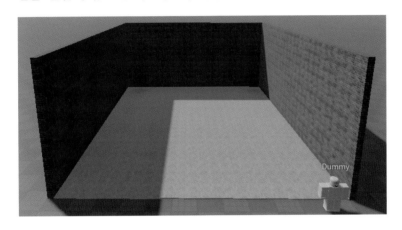

06 벽의 파트 이름도 'Wall1, 2, 3'으로 변경합니다.

01 블록 파트로 다리 4개를 만들어 봅시다. [홈] 탭 – [파트] – [블록]을 차례로 클릭
하여 블록 파트 한 개를 만들고 적당한 크기로 조정합니다. 만든 블록 파트의 이름
을 탐색기 창에서 'Bed_Leg'로 변경합니다.

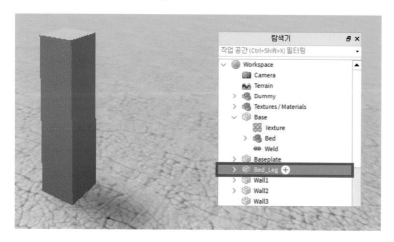

02 만든 다리를 복제(Ctrl+D)하여 4개로 만듭니다. 복제한 후 이름을 모두 'Bed_Leg'
로 변경합니다.

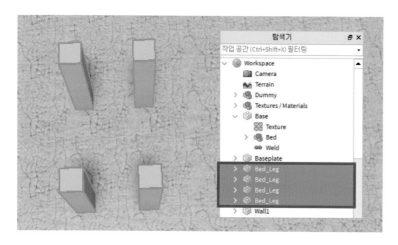

03 침대 위의 상판을 만들어 봅니다. 블록 파트를 불러온 뒤 침대의 다리 부분에 맞춰 가며 크기를 조절합니다. 두께가 너무 두껍지 않도록 값을 조절합니다.

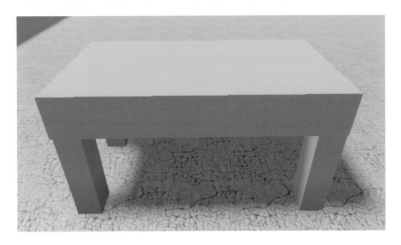

04 [홈] 탭 – [파트] – [블록]을 클릭하여 새로운 블록 파트를 불러와 침대의 헤드 부분을 만듭니다.

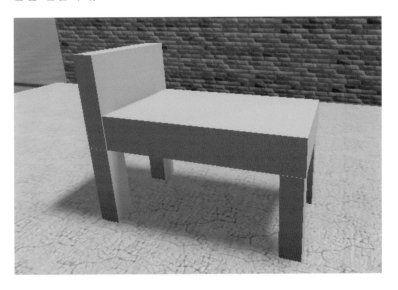

05 파트의 속성 창에서 재질과 색상을 원하는 대로 선택해 변경합니다.

06 [홈] 탭 – [파트] – [블록]을 클릭하여 침대 매트리스도 만듭니다.

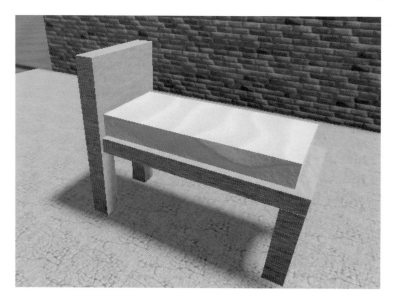

07 다양한 재질 및 색상, 파트를 추가하면서 나만의 침대를 만들어 완성해 봅니다.

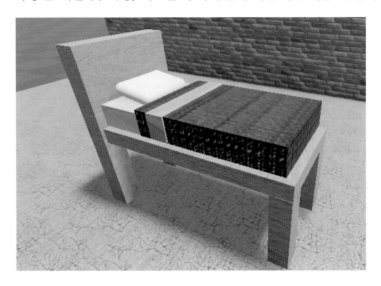

08 나만의 침대가 완성이 되었으면 모든 파트를 클릭하여 선택한 후 [모델] 탭 – [그룹]을 클릭하여 하나의 그룹으로 합칩니다.

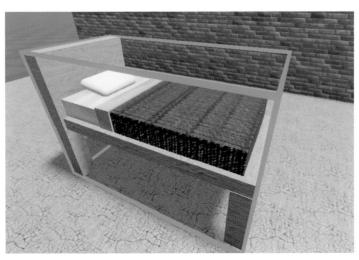

09 탐색기 창을 확인하면 모든 파트가 그룹으로 합쳐진 것을 확인할 수 있습니다. 그룹 이름을 'Bed'로 변경합니다.

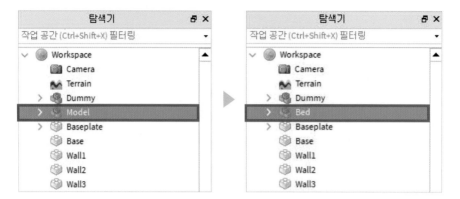

가구 모델링 하기_책상 만들기

침대 만들기와 같은 방법으로 책상을 만들어 봅니다.

01 블록 파트로 다리 4개를 만들어 봅시다. [홈] 탭 – [파트] – [블록]을 클릭하여 블록 파트 한 개를 만들고 적당한 크기로 조정합니다. 만든 블록 파트의 이름을 탐색기 창에서 'Desk_Leg'로 변경합니다.

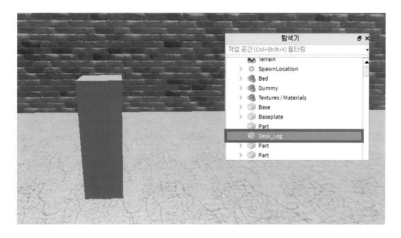

02 만든 다리를 복제(Ctrl+D)하여 4개로 만듭니다. 복제한 후 이름을 모두 'Desk_Leg'로 변경합니다.

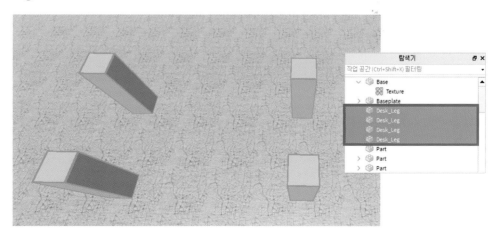

03 책상 상판을 만들어 봅니다. 블록 파트를 불러온 뒤 책상의 다리 부분에 맞춰가며 크기를 조절합니다. 두께가 너무 두껍지 않도록 값을 조절합니다.

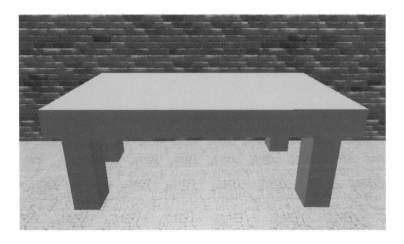

04 다양한 재질 및 색상을 추가하여 나만의 책상을 완성해 봅니다.

05 나만의 책상이 완성되었으면 모든 파트를 클릭하여 선택한 후 [모델] 탭 – [그룹]을 클릭하여 하나의 그룹으로 합칩니다.

06 탐색기 창을 보면 그룹으로 합쳐진 것을 확인할 수 있습니다. 그룹 이름을 'Desk'로 변경합니다.

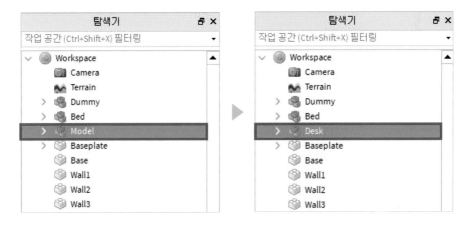

가구 모델링 하기_책장 만들기

책장을 모델링하고 책장에 책도 만들어 넣어 보겠습니다.

01 [홈] 탭 – [파트] – [블록]으로 책장을 만듭니다.

02 블록 파트를 활용하여 책장 선반을 만듭니다.

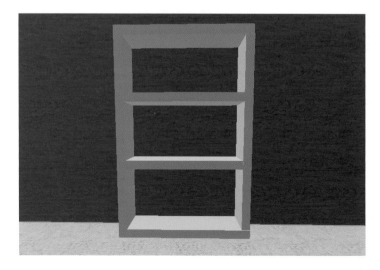

03 책장의 색상과 재질을 변경합니다.

04 책도 블록 파트로 만들어 넣어 봅니다.

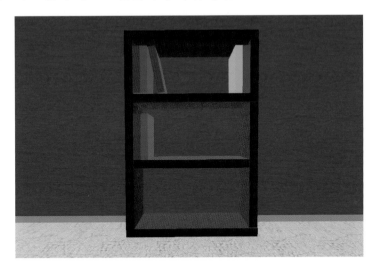

05 나만의 책장이 완성되었으면 모든 파트를 클릭하여 선택한 후 [모델] 탭 − [그룹]을 클릭하여 하나의 그룹으로 합칩니다.

06 탐색기 창을 보면 그룹으로 합쳐진 것을 확인할 수 있습니다. 그룹 이름을 'Book Case'로 변경합니다.

07 침대, 책상, 책장을 적절하게 배치해 봅니다.

08 [파일] − [파일에 저장] 또는 [Roblox에 저장]을 클릭하여 완성할 파일을 저장합니다.

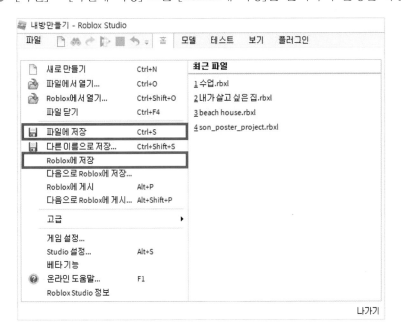

혼자서도 잘해요

내 방을 더 꾸며 보도록 합니다. 의자, 컴퓨터 등 다양한 가구를 만들어서 배치해 보세요.

TIP 도구 상자에서 가구를 불러와서 배치해도 됩니다. [홈] 탭 - [도구 상자]를 클릭해 보세요.

CHAPTER 4

따뜻한 방 만들기

자, 나만의 방을 꾸며 보았나요? 그런데 왠지 차갑고 허전해 보입니다. Decal 이나 Texture를 추가하여 벽지를 만들고, 액자도 걸고, 문도 만들어 아늑하고 따뜻한 느낌의 나만의 쉴 수 있는 방을 만들어 보세요.

모델링 익히기

파일 불러오기

파트에 온기를 불어넣는 방법으로는 스티커(Decal), 텍스처(Texture)등 다양한 방법이 있습니다. 이번 시간에는 스티커와 텍스처를 사용하여 내 방의 벽지와 액자를 만들어 나만의 방을 완성해 봅니다.

01 [파일] – [파일에서 열기] 또는 [Roblox에서 열기]를 클릭한 후, 이전에 서장한 파일을 불러옵니다.

TIP 지난 시간에 제작한 파일의 위치를 기억해야 불러올 수 있습니다. 잊지 마세요.

텍스처(Texture) 사용하여 벽 꾸미기

01 벽을 꾸밀 이미지를 [보기] 탭 – [애셋 관리자] – [이미지 선택] – [일괄 가져오기]
를 클릭하여 불러옵니다.

02 이미지가 업로드되고 '완료됨'이 뜨면 가져오기가 완료됩니다.

03 [홈] 탭 – [도구 상자] – [인벤토리] – [내 이미지]를 클릭한 후, 가져온 이미지를 선택합니다.

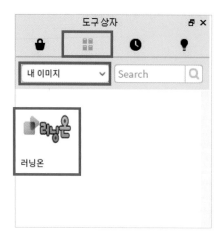

04 이미지를 마우스 오른쪽 버튼으로 클릭한 후 [애셋 ID 복사]를 클릭합니다.

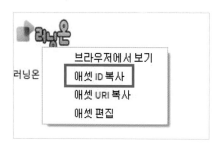

05 만들어 놓은 'Wall1' 파트의 '+'를 클릭한 후 'Texture'를 추가합니다.

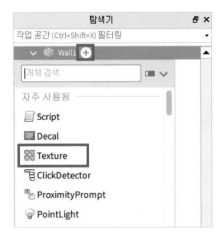

06 'Texture'의 속성 창에서 'Texture'의 빈 필드를 선택한 후 복사한 애셋 ID를 붙여넣기(Ctrl+V)합니다.

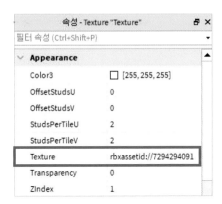

07 벽면에 불러온 이미지가 벽지처럼 보입니다.

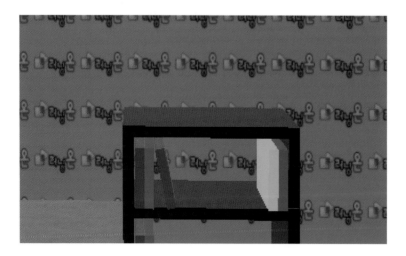

NOTE

이미지를 텍스처로 불러왔는데 원하는 면에서 보이지 않는다면?

'Texture' 속성 창의 'Face'에서 이미지를 보이게 하고 싶은 위치의 벽을 선택합니다. Back, Bottom, Front, Left, Right, Top 중 선택할 수 있습니다.

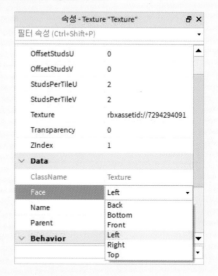

08 'Wall2', 'Wall3' 파트도 텍스처를 사용해서 벽을 꾸미고 재질과 색상도 변경해 봅니다.

스티커(Decal)를 사용하여 액자 꾸미기

01 액자를 만들어서 벽에 붙여 보도록 하겠습니다. 먼저 [홈] 탭 – [파트] – [블록]을 생성합니다.

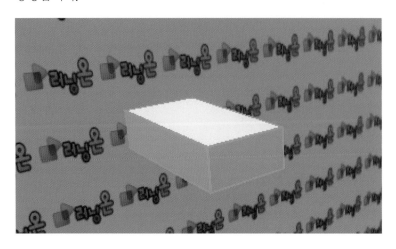

02 크기를 사용하여 모양을 액자처럼 만든 후 벽에 붙입니다.

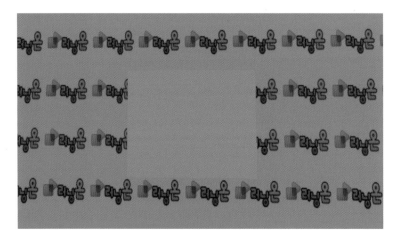

03 [보기] 탭 – [애셋 관리자] – [이미지 선택] – [일괄 가져오기]를 클릭하여 액자에
넣을 이미지를 불러옵니다.

04 [홈] 탭 – [도구 상자] – [인벤토리] – [내 이미지] 선택 후, 가져온 이미지를 선택합
니다.

05 이미지에 마우스를 가져다 놓고 오른쪽 버튼을 클릭한 후 [애셋 ID 복사]를 클릭합니다.

06 액자 파트 이름을 'Frame'으로 변경합니다.

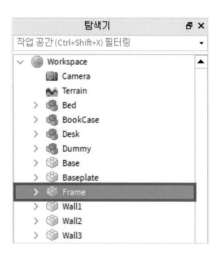

07 'Frame' 파트의 '+'를 클릭한 후 'Decal'을 추가합니다.

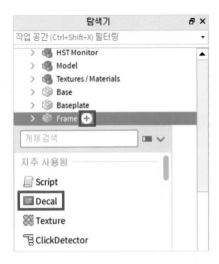

08 'Decal'의 속성 창에서 'Texture'의 빈 필드를 선택한 후 복사한 애셋 ID를 붙여넣기 (Ctrl+V)합니다.

09 액자 파트에 이미지가 사진처럼 불러와진 것을 확인합니다.

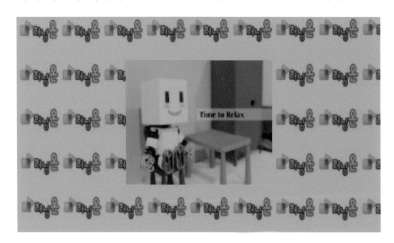

10 다른 벽에도 다양한 이미지 액자를 만들어 봅니다.

11 나만의 방 완성!

혼자서도 잘해요

내 방 꾸미기를 잘 해 보았나요? 그럼 내가 살고 싶은 우리 집 구조를 상상해 보며 집을 만들어 보세요.

CHAPTER 5

파트에
효과 주기

로블록스는 파트에 효과를 적용하여 실제와 같은 느낌을 주거나 동식물에 생동감을 불어넣을 수 있습니다. 효과에는 불(Fire), 입자(ParticleEmitter), 연기(Smoke), 반짝 효과(Sparkles) 등이 있으며, 각 효과마다 설정하는 속성이 다릅니다. 이번 시간에는 게임에 생동감을 불어넣는 효과에 대해 알아보도록 하겠습니다.

모델링 익히기

불(Fire) 효과 알아보기

불(Fire) 효과로 파트에 불을 생성하여 모닥불, 벽난로를 만들 수 있습니다.

01 [홈] 탭 – [파트] – [블록]을 생성합니다.

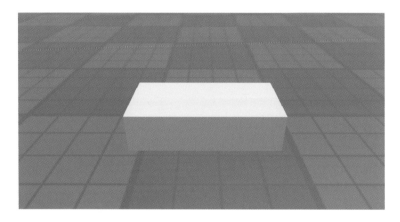

02 파트를 클릭한 후 [모델] 탭 – [효과] – [Fire]를 클릭합니다.

03 불 효과를 불러오면 파트 위에 불이 생성됩니다.

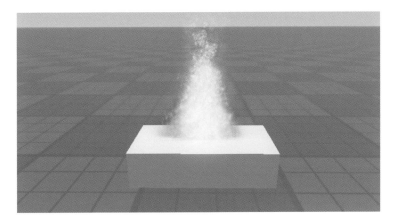

04 탐색기 창에서 'Fire'를 선택하면 불 효과가 가지고 있는 다양한 속성을 속성 창에서 확인할 수 있습니다.

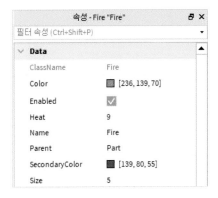

NOTE

불 효과의 다양한 특성

1) Color(색상) : 겉 불꽃의 색상을 변경할 수 있습니다.

2) Enabled(불 켜짐) : 체크박스에 체크가 되면 불이 활성화되고 해제되면 불이 사라집니다.

3) Heat(히트) : 불꽃이 위로 방출되는 속도를 설정합니다(−25~25 값 설정).

4) Name(이름) : 불 효과에 이름을 설정합니다.

5) Parent(부모) : 불 효과가 속한 경로를 확인할 수 있습니다.

6) SecondaryColor(두 번째 색상) : 속 불꽃의 색상을 변경할 수 있습니다.

7) Size(크기) : 불의 크기를 조절할 수 있습니다(2~30 값 설정).

05 불 효과의 바깥쪽 색상은 빨간색, 안쪽 색상은 노란색, 불의 크기를 20까지 변경해 보세요.

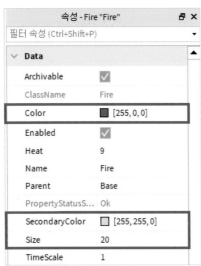

입자 효과(ParticleEmitter) 알아보기

입자 효과(ParticleEmitter)를 사용하면 파트에서 입자가 방출되는 효과를 만들 수 있습니다. 연기, 불, 반짝임, 비, 폭포 및 사용자 지정 입자를 만드는 데 사용합니다.

01 [홈] 탭 − [파트] − [블록]을 생성합니다.

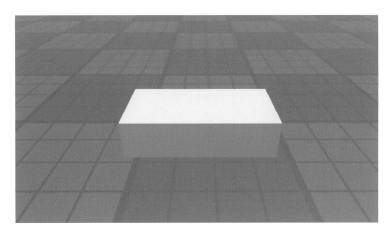

02 파트를 클릭한 후 [모델] 탭 − [효과] − [ParticleEmitter]를 클릭합니다.

03 파트에서 입자가 위로 올라가는 모습을 볼 수 있습니다.

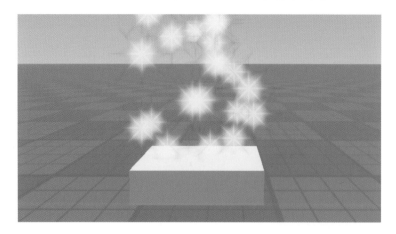

04 파트가 이동하면 파트의 움직임에 따라 입자도 이동합니다. 파트를 크게 만들면 입자 효과가 어떻게 되는지 파트의 크기를 키워 확인해 봅니다.

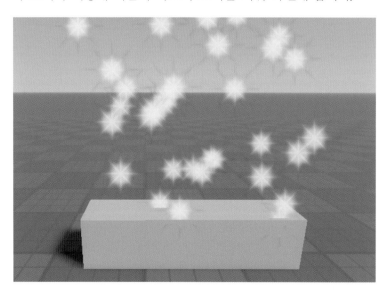

05 파트의 크기를 줄이면 입자 효과가 어떻게 변하는지 파트의 크기를 줄여 봅니다.

06 파트를 회전시켜 각도를 변경하면 입자 효과가 어떻게 변하는지 파트를 기울여 봅니다.

입자 효과 속성 변경하기

입자 효과의 속성을 변경하여 다양한 효과를 만들어 봅니다.

01 속성 창에는 효과를 변경할 수 있는 다양한 기능들이 있습니다.

∨ **Appearance**	
Color	[255, 255, 255]
LightEmission	0
LightInfluence	1
Orientation	FacingCamera
Size	1
Texture	...ssetid://7294294091
Transparency	0
ZOffset	0

02 입자 효과에 내가 넣고 싶은 텍스처 이미지를 추가하여 입자 방출을 할 수도 있습니다. 게임이 게시되었는지 확인하고 텍스처를 불러오는 방식과 동일하게 텍스처를 추가해 봅니다.

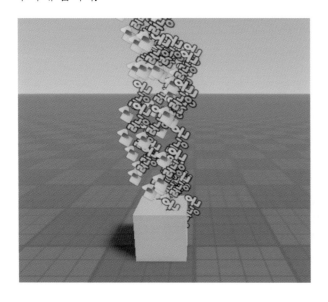

03 속성 창에서 원하는 색상으로 입자 색을 변경할 수 있습니다. 색상을 변경해 봅니다.

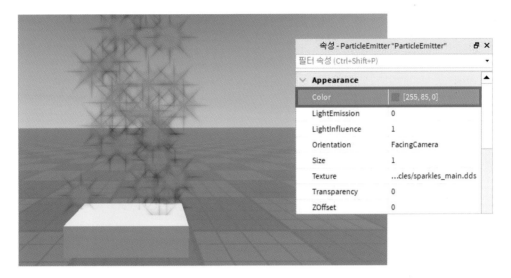

NOTE

입자 효과의 다양한 특성

1) Color(색상) : 입자 색상을 변경할 수 있습니다.

2) LightEmission(빛 방출) : 입자에 밝기를 더합니다.

3) Size(크기) : 입자의 크기를 제어합니다. 숫자를 늘리면 입자가 커집니다.

4) Drag(항력) : 입자의 속도가 감소합니다.

5) Lifetime(수명) : 입자가 사라질 때까지 지속되는 시간을 결정합니다.

6) Rotation(회전) : 텍스처를 회전합니다.

7) RotSpeed(입자 질감 회전) : 입자가 나오는 질감을 회전시킵니다. 이 속성의 설정을 늘리면 텍스처가 시계 방향으로 회전하고, 설정을 낮추면 텍스처가 시계 반대 방향으로 회전합니다.

8) SpreadAngle(확산 각도) : 원하는 각도로 입자를 확산시킵니다.

빔(Beam) 효과 알아보기

빔(Beam) 효과는 애니메이션을 사용하거나 실제 효과를 나타내는 데 사용할 수 있는 질 감을 가진 띠입니다. 빔을 사용하여 레이저, 폭포 또는 경로를 만들 수 있습니다. 빔을 사용하려면 두 파트를 만들어 보를 배치하고, 텍스처를 추가한 후 속도와 투명도 및 넓이를 설정합니다.

01 [홈] 탭 – [파트] – [블록]을 2개 생성합니다. 두 파트 사이에 약간의 거리를 둡니다.

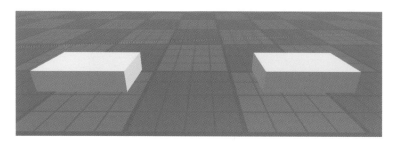

02 파트 하나를 선택해서 '+'를 클릭한 다음, 'Beam'을 추가합니다.

03 두 파트 모두 '+'를 클릭하고 'Attachment(부착물)'를 추가합니다.

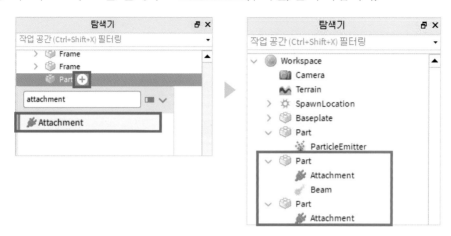

04 탐색기 창에서 'Beam'을 선택하고 속성 창의 'Attachment'에서 부착물을 설정합니다. 'Attachment0'은 시작점, 'Attachment1'은 끝점으로, 빈 필드를 클릭하면 커서가 바뀌는 것을 확인할 수 있습니다.

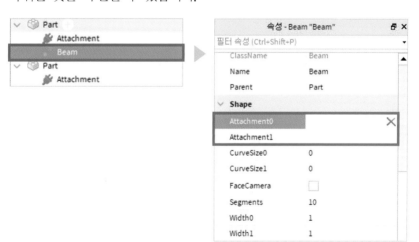

05 탐색기 창에서 각 파트의 'Attachment'를 선택하여 시작점과 끝점을 추가합니다.

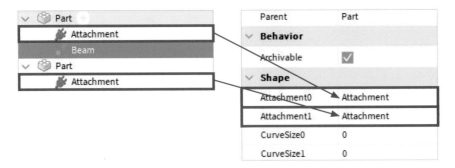

06 'Texture'의 빈 필드를 클릭한 후 텍스처를 추가하여 두 파트 사이에 텍스처가 실행되도록 합니다.

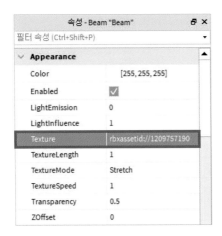

07 빔이 연결된 두 파트 모습입니다.

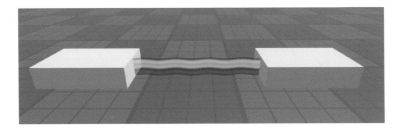

08 속성 창에서 'Cureve(곡선)' 속성의 값을 조절하여 곡선 정도를 제어합니다. 이 속성은 숫자가 높을수록 빔의 곡선이 더 뚜렷해집니다.

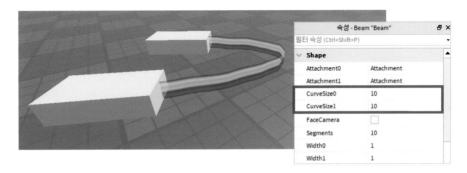

09 속성 창에서 'Segments(세그먼트)' 속성은 곡선의 평활도를 결정합니다. 숫자가 커질수록 부드러운 곡선이 나타납니다.

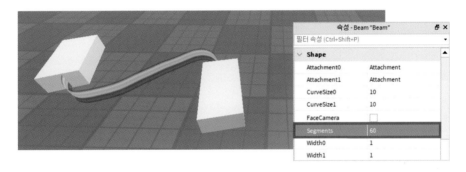

10 속성 창에서 'Width(폭)' 속성은 빔의 너비를 제어합니다. Width0과 1은 각각 끝의 크기를 제어하므로, 한쪽 끝을 더 작게 만들지 않으려면 속성 숫자를 동일하게 유지해야 합니다.

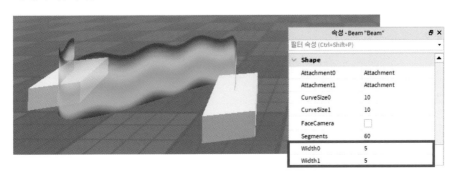

01   파트로 나무를 만들고 불과 연기 입자를 활용하여 모닥불을 만들어 봅니다.

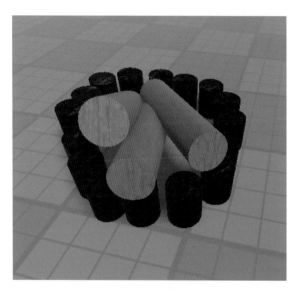

02 파트 효과 중 빔(Beam)을 사용하여 폭포를 만들어 봅니다.

 ❶ 폭포의 상단과 하단 역할을 할 수 있도록 파트를 배치합니다.
❷ 폭포에 빔을 추가합니다.
❸ 곡선, 폭, 세그먼트 등의 속성을 조절하여 완성합니다.

CHAPTER 6

파트 디자인하기

기본 파트에 더하기와 빼기 기능을 사용하여 새로운 개체를 만들 수 있습니다. 나만의 방에 창문을 만들거나, 보도블록에 맨홀을 연결하는 디자인을 할 때 등 다양한 디자인이 필요할 때 사용합니다. 이번 시간에는 파트를 더하거나 빼는 데 어떤 방법이 있는지 알아보겠습니다.

모델링 익히기

파트 더하기

여러 파트를 하나의 모델로 결합하여 새로운 모양의 파트를 만들려면 '통합(Union)'을 사용합니다. 하나로 결합하면 게임의 전체 파트 수를 크게 줄여 성능을 향상시킬 수 있습니다.

01 [홈] 탭 − [파트]에서 구형 2개와 원통 1개의 파트를 생성합니다.

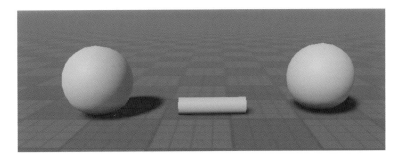

02 탐색기 창에서 파트의 이름을 왼쪽 파트부터 '구1', '원통', '구2'로 변경합니다.

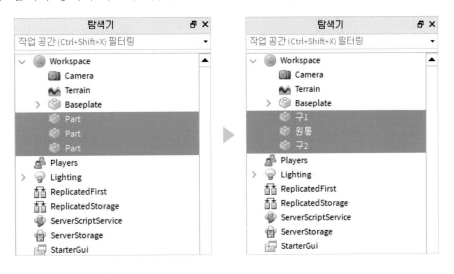

03 왼쪽 파트부터 차례대로 색을 바꿔 봅니다.

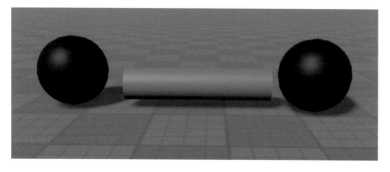

04 '구1', '구2' 파트를 '원통' 파트의 양쪽 끝에 연결해 아령 모양으로 만듭니다.

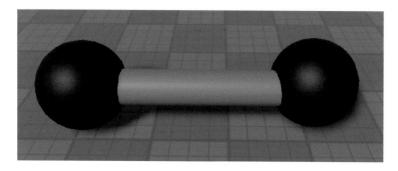

05 전체 파트를 선택한 후 [모델] 탭 – [통합]을 클릭하여 하나의 파트로 묶어 줍니다.

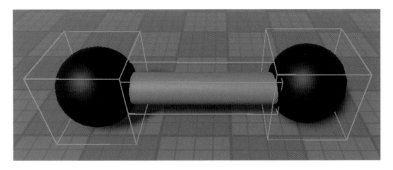

06 통합이 완료되면 탐색기 창에 3개로 나뉘어져 있던 파트가 'Union'으로 합쳐진 것을 확인할 수 있습니다.

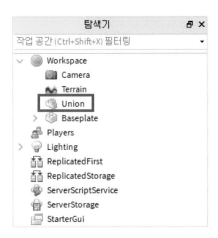

파트 빼기는 두 개의 파트가 겹치거나 하나의 파트 안에 다른 파트가 삽입되어야 할 때, 파트끼리 자르는 용도로 사용합니다. 이때 무효화(Negate) 상태로 만들어 주어야 합니다. 벽을 뚫어 창문을 만들 때나 아치 모양의 다리를 만들 때 등 다양한 곳에서 사용합니다.

01 [홈] 탭 - [파트] - [원통]으로 2개의 파트를 생성합니다.

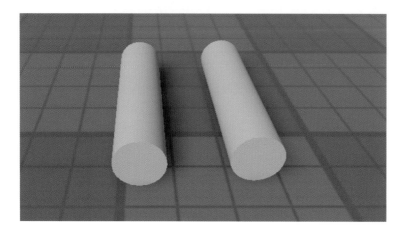

02 두 개의 원통 크기를 조절합니다. 원통 한 개가 다른 원통에 들어갈 수 있도록 크기를 조절하고, 작은 원통은 큰 원통보다 길이를 길게 만듭니다.

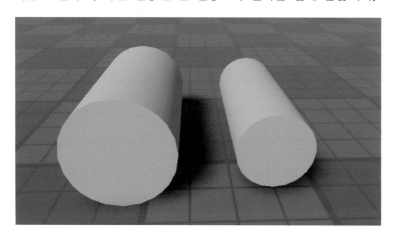

03 색상을 변경한 후 작은 원통 파트를 큰 원통 파트 안으로 이동시킵니다.

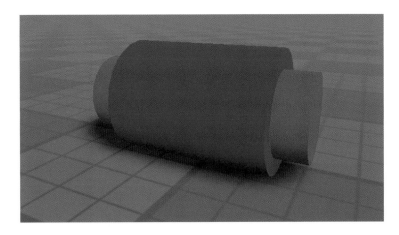

04 빼기를 하려는 파트(작은 원통)를 클릭한 후 [모델] 탭 – [무효화]를 클릭합니다. 삭제하려는 파트가 투명하게 변경된 것을 확인할 수 있습니다.

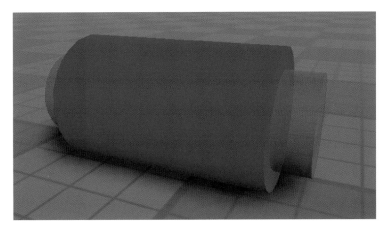

05 두 파트를 드래그하여 선택한 후 [모델] 탭 – [통합]을 클릭합니다. 가운데 작은 원통 파트가 삭제되고 구멍이 뚫린 것을 확인할 수 있습니다.

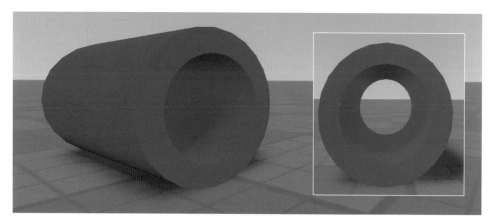

01 [홈] 탭 – [파트]로 사다리의 축이 되는 긴 다리를 만듭니다.

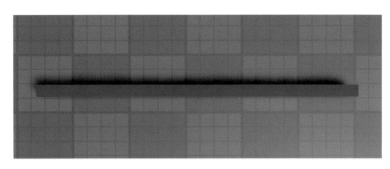

02 Ctrl+D를 눌러 파트를 복제합니다.

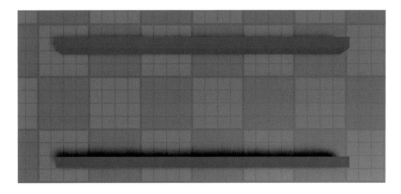

03 [홈] 탭 – [파트]를 클릭하여 사다리를 타고 올라갈 수 있는 막대를 생성합니다.

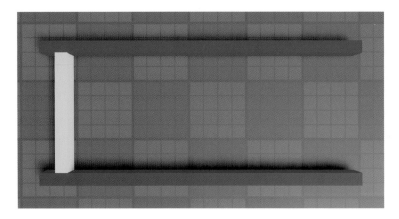

04 Ctrl+D로 파트를 복제하여 사다리를 완성합니다.

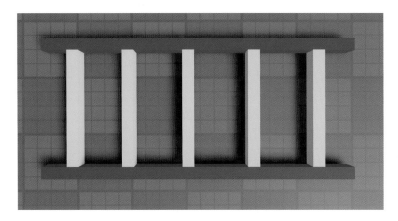

05 완성된 사다리를 드래그하여 전체 선택한 후 [모델] 탭 - [통합]을 클릭하여 하나의 파트로 만듭니다.

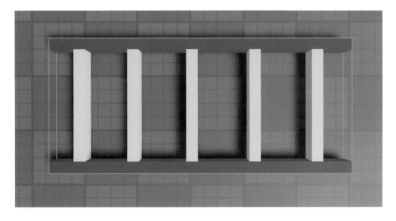

06 탐색기 창에서 통합된 파트 'Union'의 이름을 '사다리'로 변경합니다.

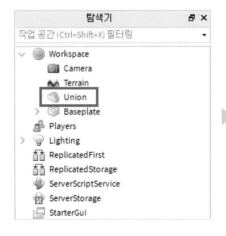 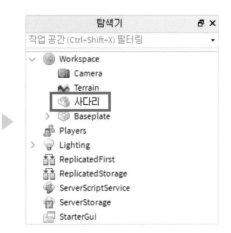

07 도구 상자에서 'tree'를 검색하여 사다리와 결합할 수 있는 적당한 나무를 삽입합니다.

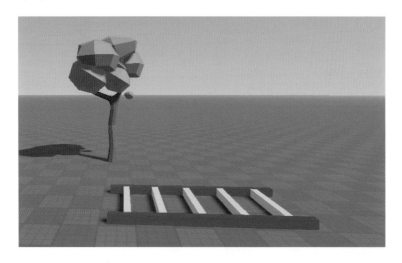

08 사다리를 이동 및 회전하여 나무에 올라갈 수 있도록 만들어 봅니다.

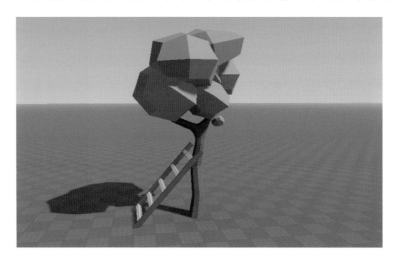

혼자서도 잘해요

01 통합과 무효화를 사용하여 아치 모양의 문을 만들어 봅니다.

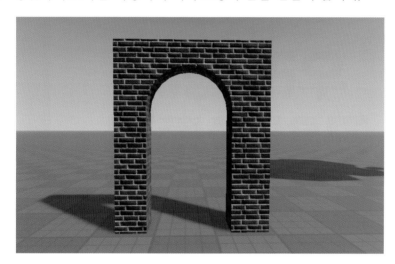

CHAPTER 7

우리 동네 공원 만들기

파트를 사용하여 나무, 꽃, 벤치, 분수 등 다양한 객체를 만들어 공원을 꾸밀 수 있습니다. 지금까지 배운 다양한 파트의 통합, 무효화 등의 기능을 활용하여 사실적인 풍경을 만들어 봅니다.

모델링 익히기

기본 지형 만들기

통합, 무효화 등을 활용하여 벤치, 나무, 꽃 등을 만들 수 있습니다. 블록, 원통, 쐐기, 구형 등 다양한 파트를 사용하여 나만의 공원을 만들어 보세요.

01 [새로 만들기] – [모든 템플릿] – [Baseplate] 또는 [Flat Terrain]을 선택합니다.

NOTE

가상 공간을 구축할 때의 팁

1) 건축물을 만들 때 참조할 이미지가 있으면 더 사실 적인 표현을 할 수 있습니다. 여러 각도에서 주변 풍 경을 보여 주는 다양한 이미지를 찾아 보세요.

2) 로블록스에서 구축하기 전에 간단하게 그림을 그려 봅니다. 그럼 만들기 시간이 더 단축될 거예요. 중요 한 부분이나 특징을 잘 확인해서 작성하면 도움이 됩니다.

02 [홈] 탭 – [파트] – [블록]으로 공원의 바닥 지형을 만듭니다. 사이즈는 X:210, Y:1, Z:210으로 설정합니다.

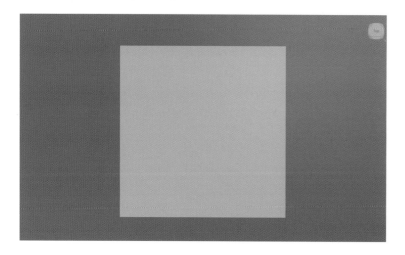

03 파트의 이름을 'Base'로 변경한 후, 파트의 재질을 '모래'로 변경하고 색상도 모래 색 상으로 변경해 줍니다.

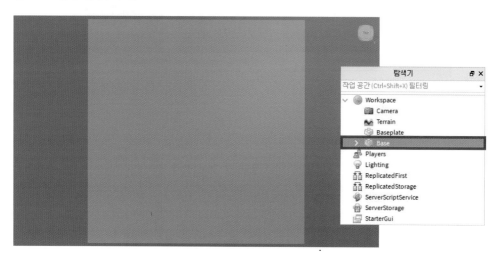

04 블록 파트를 하나 더 생성합니다. 크기는 'Base' 파트보다 작게 만들어 줍니다.

05 파트의 재질은 '잔디', 색상은 '녹색'으로 변경합니다.

06 파트를 활용하여 잔디 위에 걸어다닐 수 있는 길을 만듭니다. 완성한 후 파트를 복제([Ctrl]+[D])하여 사거리로 만들어 줍니다.

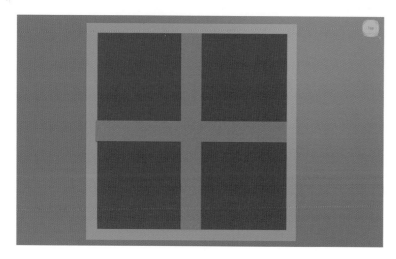

07 [홈] 탭 – [파트] – [블록]으로 분수대를 만들기 위한 지형을 만들어 줍니다.

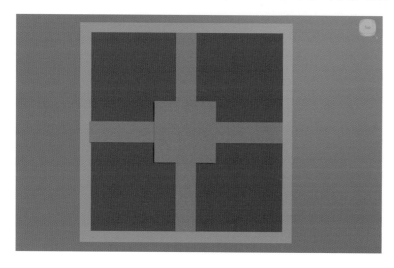

01 [홈] 탭 – [파트] – [블록]을 생성하여 분수대의 물을 채우기 위한 울타리를 만듭니다. 1개의 파트를 만든 후 복제(Ctrl+D)하여 4개를 만들어 줍니다.

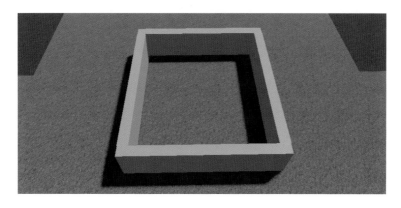

02 재질은 '벽돌', 색상은 '벽돌색'으로 변경합니다.

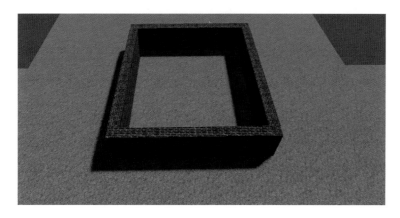

03 [홈] 탭 – [파트] – [블록]으로 분수대의 물이 될 파트를 만듭니다.

04 파트 재질을 '유리' 또는 '얼음'으로 변경하고 색상을 '파란색'으로 변경합니다.

01 나무의 가지와 잎을 만들기 전에 [홈] 탭 – [파트] – [원통]을 생성하여 나무 줄기를 먼저 만듭니다.

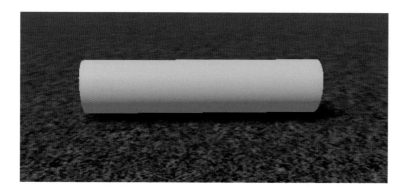

02 파트의 이름을 'Trunk'로 변경하고 재질을 '나무', 색상을 '갈색'으로 변경합니다.

03 파트를 회전하고 이동하여 똑바로 세워 줍니다.

04 줄기를 복제(Ctrl+D)한 후 크기 조절, 회전, 이동으로 나무의 가지들을 만듭니다.

05 크기가 다른 가지를 2~4개 더 추가합니다.

TIP 가지를 추가한 후에는 카메라를 이리저리 움직여 모든 면에서 잘 보이는지 확인하세요.

06 나뭇잎을 만들기 위해 [홈] 탭 – [파트] – [구형]을 생성한 후 파트의 재질을 '잔디', 색상을 '녹색'으로 변경합니다.

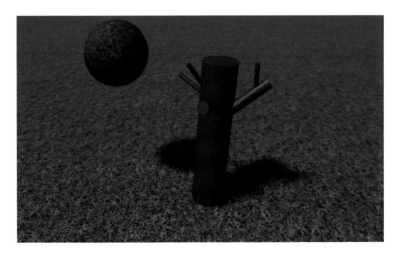

07 나뭇잎으로 만든 구를 여러 개 복제(Ctrl+D)하여 잎사귀를 만듭니다.

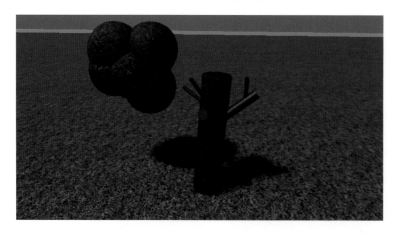

08 복제한 나뭇잎을 탐색기 창에서 선택한 후 [홈] 탭 – [그룹]을 클릭하여 하나의 개체로 그룹화합니다.

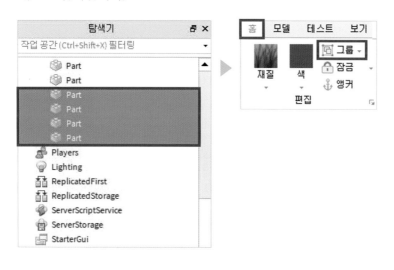

Shift 키를 누른 상태에서 파트를 선택하면 여러 개의 파트를 한꺼번에 선택할 수 있어요.

09 나무에 잎이 풍성하도록 나뭇잎을 복제하여 완성합니다.

10 탐색기 창에서 나뭇잎과 줄기 등 완성된 나무 파트 개체를 선택한 후 [홈] 탭 – [그룹]을 클릭하여 하나의 개체로 그룹화합니다. 그룹화한 후 파트 이름을 'Tree'로 변경합니다.

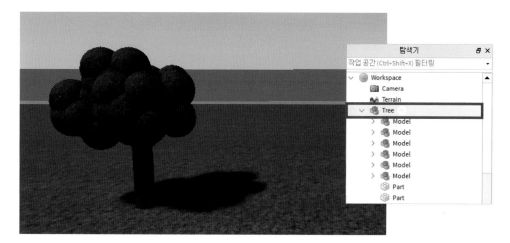

01 [홈] 탭 – [파트] – [블록]으로 벤치 의자 다리 1개를 만듭니다. 만든 블록 파트의
이름을 탐색기 창에서 'Bench_Leg'로 변경합니다.

02 만든 다리를 복제하여 4개로 만듭니다.

03 벤치의 앉을 수 있는 부분을 만들어 보겠습니다. [홈] 탭 – [파트] – [블록]을 생성하여 4개의 다리가 가려질 만큼 길이를 조절합니다. 여러 개의 파트를 연결할 것이라 너비는 좁게 만듭니다.

04 파트의 이름을 'Bench_Seat'로 변경한 후 파트를 복제하여 벤치에 앉는 부분을 완성합니다.

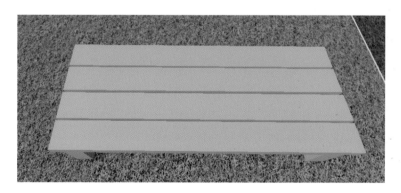

05 'Bench_Seat' 파트를 복제, 회전, 이동하여 등받이를 만듭니다.

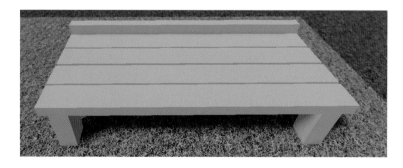

06 파트를 복제하여 등받이를 완성합니다.

07 의자를 고정하는 지지대를 만들어 앉는 부분에 붙여 줍니다.

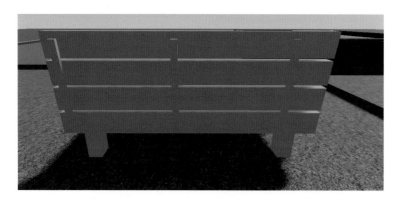

08 벤치 파트를 모두 선택한 후 [홈] 탭 – [그룹]을 선택하여 그룹화합니다. 재질은 '나무', 색상은 '나무색'으로 변경합니다.

벤치, 나무 복제하여 배치하기

01 공원 지형에 나무와 벤치를 복제하여 적절하게 배치합니다.

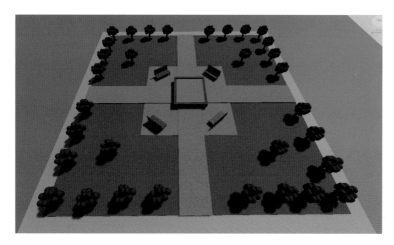

동일한 방법으로 꽃과 식물을 만들어 봅니다.

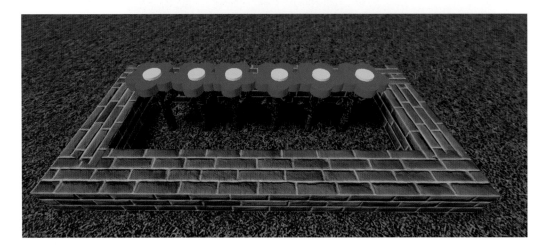

CHAPTER 8

생기를 불어넣은 공원 만들기

다양한 파트를 활용하여 나무, 꽃, 벤치, 분수 등의 개체를 만들어 공원을 꾸며 보았습니다. 이번에는 가로등이 켜지고 분수대에서 물이 흘러내리는 생기 있는 공원을 만들어 보도록 하겠습니다.

모델링 익히기

물이 흘러내리는 분수대 만들기

파트로 분수를 추가하고, 효과를 사용하여 분수에서 물이 흘러내리는 모습을 만들어 보겠습니다.

01 [홈] 탭 – [파트] – [블록]을 생성하여 물이 높은 곳에서 아래로 흘러내릴 수 있도록 기둥을 만듭니다.

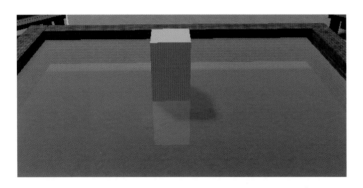

02 파트를 추가하여 분수대 기둥을 좀 더 현실적으로 만들어 봅니다.

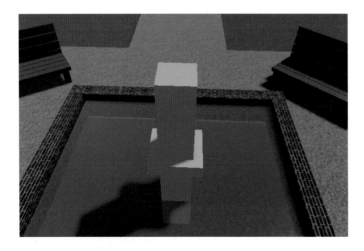

03 파트의 재질을 '벽돌', 색상을 '벽돌색'으로 변경합니다. 다른 재질과 색상으로도 변경할 수 있습니다. 원하는 색상과 재질로 변경해 보세요.

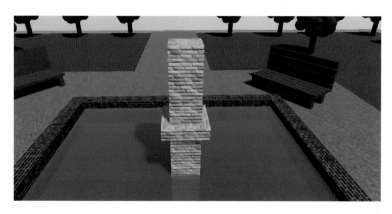

04 물이 흘러내리는 모습을 만들기 위해 [홈] 탭 – [파트] – [블록]으로 물줄기를 만들어 줍니다.

05 물줄기의 재질을 '얼음', 색상을 '파란색'으로 변경하고 투명도를 조절하여 실제 물줄기처럼 투명하게 만듭니다.

06 물줄기의 상단 파트를 클릭한 후 [모델] 탭 - [효과] - [ParticleEmitter]를 선택합니다.

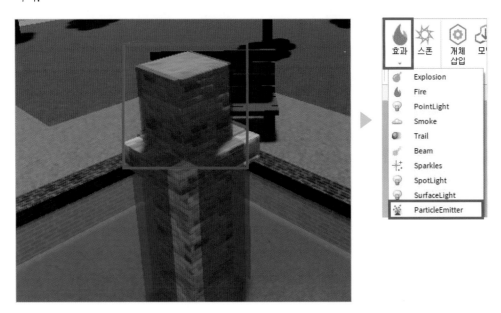

07 탐색기 창을 확인하면 'PatricleEmitter'가 물줄기 상단 파트의 자식으로 삽입된 것을 확인할 수 있습니다.

 효과는 해당 파트를 클릭한 후에 선택해야 해당 파트에 적용됩니다. 잊지 마세요!

08 효과가 적용되면 다음과 같은 모습으로 보입니다. 물줄기가 자연스럽게 흘러내리는 모양을 만들기 위해서는 속성 창에서 값을 수정해야 합니다.

09 'PatricleEmitter'의 속성 창에서 색상을 물줄기와 같은 색으로 변경하고 'Size(사이즈)'를 '0.7'로, 'Transparency(투명도)'를 '0.5'로 변경합니다.

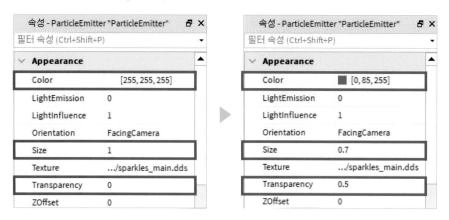

10 스크롤을 아래로 내려서 'Rate(속도)', 'SpreadAngle(효과의 각도)', 'Acceleration(효과의 방향)' 값을 각각 '100', '(30, 30)', '(0, −30, 0)'으로 변경합니다.

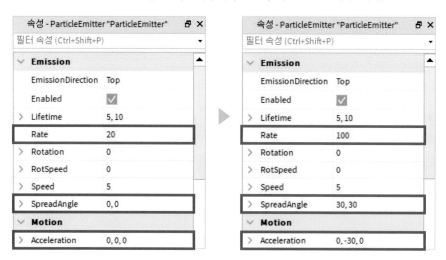

11 분수대의 물줄기가 활기차게 변한 것을 확인할 수 있습니다.

12 분수대의 기둥 파트에 [모델] 탭 – [효과] – [Smoke]를 추가하면 물이 떨어지는 물바닥에 연기 효과를 넣어 물보라를 표현할 수 있습니다.

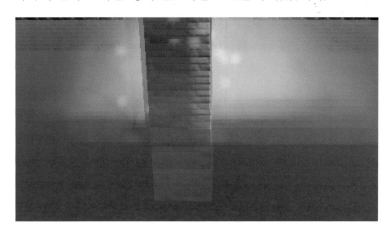

어두운 밤에 공원을 밝혀 주는 가로등을 파트와 효과를 활용하여 만들어 보겠습니다.

01 [홈] 탭 – [파트] – [원통]으로 가로등의 기둥을 생성합니다.

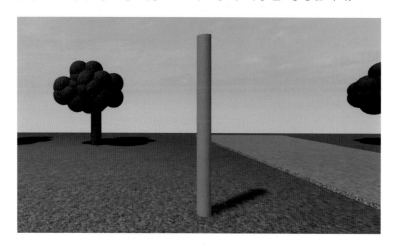

02 [홈] 탭 – [파트] – [원통]으로 램프가 들어갈 헤드를 만듭니다. 총 3개를 만든 후 가운데 파트는 빛을 낼 수 있도록 속성 창에서 'Transparency(투명도)'를 '0.5'로 변경합니다.

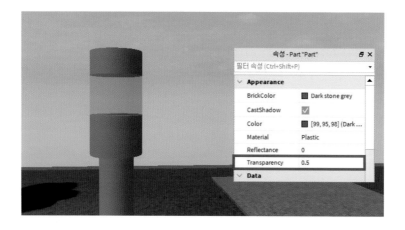

03 램프의 역할을 할 파트를 [홈] 탭 – [파트] – [원통]으로 생성한 후, 헤드 파트 중 가운데 파트 안에 배치합니다. 속성 창에서는 'Color'는 '노란색', 'Reflectance(반사율)'은 '0.5', 'Transparency(투명도)'는 '0.4'로 변경합니다.

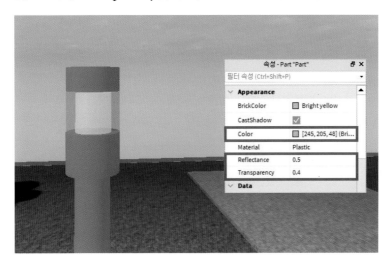

04 램프 파트를 클릭한 후 [모델] 탭 – [효과] – [PointLight]를 클릭합니다. 탐색기 창을 보면 램프 파트 하위에 PointLight가 삽입된 것을 확인할 수 있습니다.

05 'PointLight' 속성 창에서 'Range(빛이 나아가는 범위)'를 '60'으로 설정합니다.

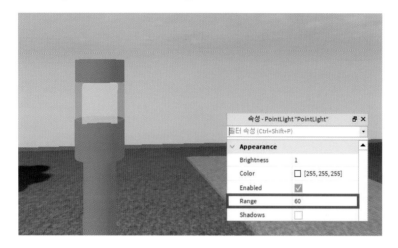

06 탐색기 창에서 완성된 가로등 파트 개체를 모두 선택한 후 [홈] 탭- [그룹]을 클릭하여 하나의 개체로 그룹화합니다. 그룹화한 후 이름을 'Light'로 변경합니다.

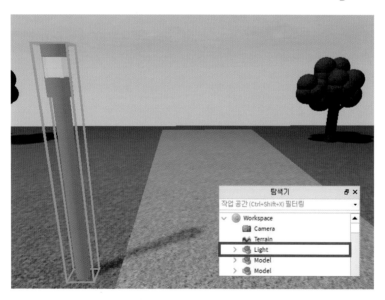

가로등 복제하여 배치하기

01 공원 지형에 가로등을 복제하여 적절하게 배치합니다.

02 탐색기 창에서 'Lighting'을 클릭한 후 속성 창에서 'ClockTime'의 시간을 밤으로 변경하여 공원이 어떻게 바뀌는지 확인해 봅니다.

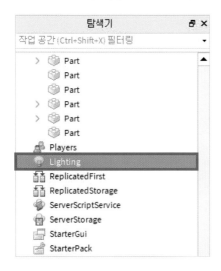

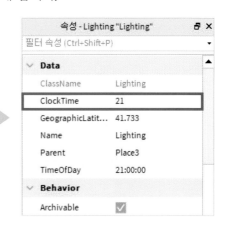

03 밤이 되어 하늘은 캄캄해지고 가로등이 공원을 밝게 비추는 모습으로 변합니다. 시간을 조절하면서 시간의 변화에 따라 공원이 어떻게 변하는지 확인해 보세요.

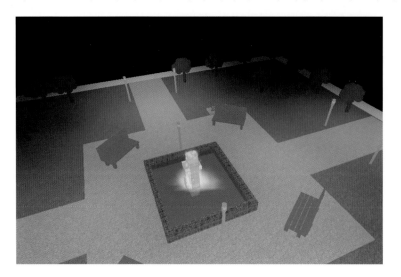

혼자서도 잘해요

분수대 사이드에서도 물줄기가 나올 수 있도록 파트를 만들고 효과를 적용해 보세요.

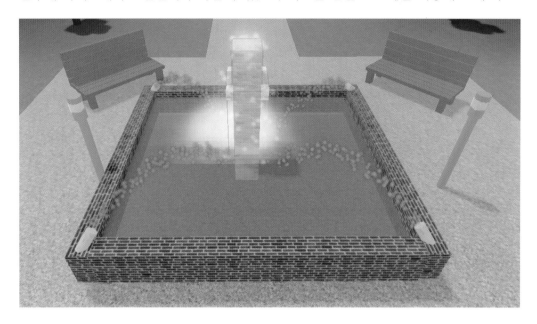

CHAPTER 9

파트를 자유롭게 움직이기 1

문을 열고 닫거나, 선풍기를 만들거나, 놀이터의 그네, 시소, 회전놀이 등 다양한 기구를 제작할 때 물리적인 속성이 필요합니다. 이것들은 게임에서 파트를 움직이게 하는 데 중요한 역할을 합니다. 로블록스 스튜디오의 물리적인 속성을 사용하여 실제적인 환경을 구축해 보겠습니다.

모델링 익히기

부착물(Attachments) 및 제약 조건(Constraints)

다양하게 움직이는 파트를 만들려면 기계적 구조의 두 가지 핵심 요소인 부착물과 제약 조건을 알아야 합니다. 이는 두 개의 파트를 연결하여 파트를 움직이거나 이동시키는 데 사용됩니다.

01 [홈] 탭 – [파트] – [블록]을 두 개 생성합니다.

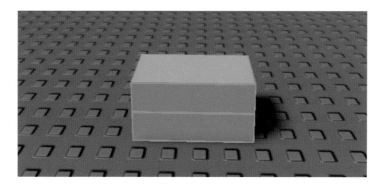

02 두 개의 파트를 공중에 띄우고 위의 파트를 고정(Anchored)시킵니다. 아래의 파트는 고정하지 않습니다.

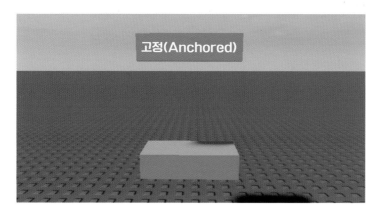

03 [홈] 탭 – [플레이]를 클릭하여 파트들이 어떻게 되는지 확인합니다.

파트는 어떻게 되었나요?

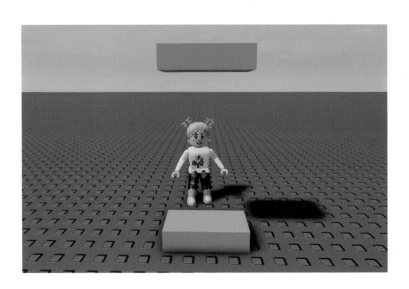

04 다시 작업환경으로 돌아온 후 [모델] 탭 – [만들기] – [막대]를 클릭합니다.

05 막대의 첫 번째 연결 파트로 상단 파트를 클릭한 다음, 아래 파트를 클릭하여 연결합니다. 연결이 완료되면 파트를 연결한 두 개의 부착물(Attachment) 사이에 막대가 생성됩니다.

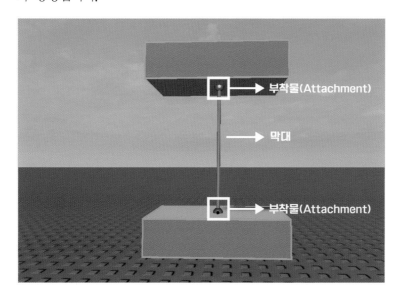

06 [홈] 탭 − [플레이]를 하여 파트들이 어떻게 되는지 확인합니다.

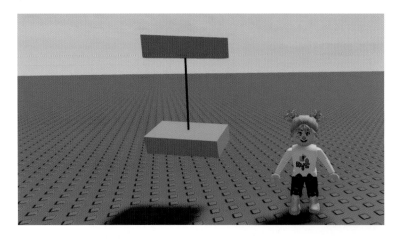

01 [홈] 탭 – [파트] – [원통]을 클릭하여 선풍기를 세울 수 있는 기둥 받침을 먼저 만듭니다. 원통을 회전하여 바로 세우고 위치와 크기를 조절합니다.

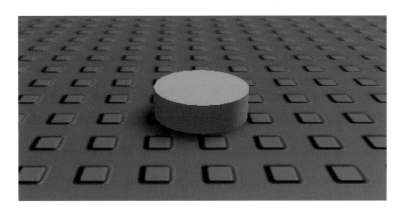

02 파트의 재질과 색상을 변경합니다. 재질과 색상은 자유롭게 결정하세요.

03 기둥 받침 파트를 복제((Ctrl)+(D))하고 크기를 조절하여 선풍기의 기둥을 만듭니다.

04 선풍기 날개가 잘 돌아갈 수 있도록 날개와 기둥을 연결할 파트도 원통 모양으로 만들어 봅니다.

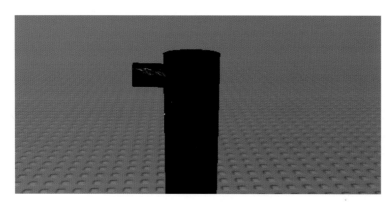

05 기둥 파트를 모두 드래그한 후 [모델] 탭 - [그룹]을 클릭하여 하나의 그룹으로 만듭니다. 그룹화된 파트의 이름을 'Fan_Base'로 변경합니다.

TIP 게임 플레이를 했을 때 파트들이 쓰러지지 않도록 팬의 기둥에 고정(Anchored)을 꼭 해주세요!

06 [홈] 탭 - [파트] - [블록]을 생성하여 선풍기 날개(Fan)를 만들어 보겠습니다.

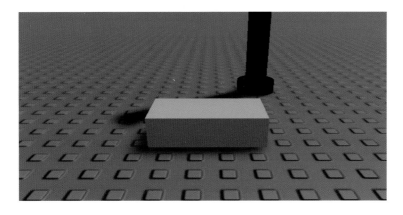

07 크기와 색상, 재질을 원하는 대로 변경해 봅니다.

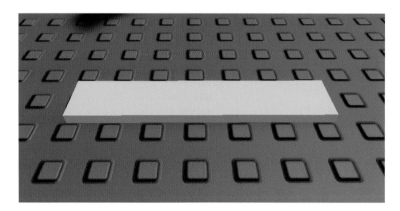

08 파트를 복제(Ctrl + D)하여 팬을 하나 더 만들고 회전, 이동하여 두 개의 날개가 + 모양이 되도록 연결합니다.

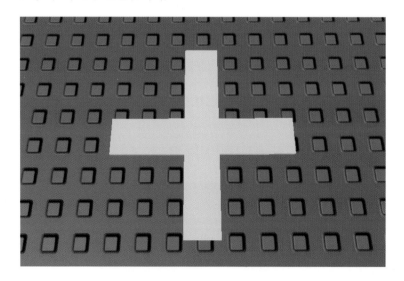

09 두 개의 날개 파트를 선택한 후 [모델] 탭 – [통합]을 클릭하여 하나의 날개로 통합합니다. 그리고 탐색기 창에서 통합된 파트의 이름을 'Fan'으로 변경합니다.

10 팬을 회전 및 이동하여 기둥 쪽 가까이에 배치합니다.

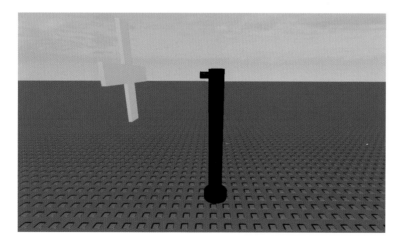

11 [모델] 탭 – [만들기] – [힌지]를 클릭합니다.

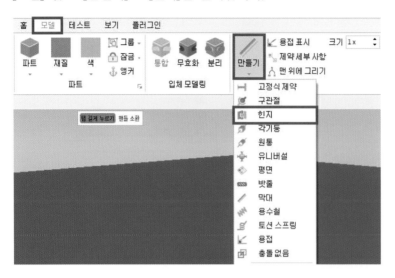

12 힌지의 첫 번째 부착물(Attachment)은 팬의 기둥에 부착합니다.

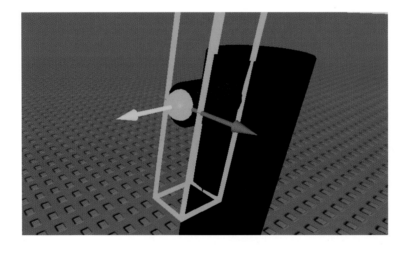

힌지(Hinge)와 부착물(Attachment)

힌지(Hinge) : 파트를 회전시키는 역할을 하며, 두 개의 파트 중 고정된 파트에 다른 파트를 연결하여 회전할 수 있도록 상호작용을 해 줍니다.

부착물(Attachment) : 다른 물체를 연결하기 위한 포인트 연결점입니다.

13 두 번째는 팬의 가운데에 부착합니다. 힌지가 잘 정렬되어 있는지 확인하세요. 날개가 잘 돌아가게 하려면 직선으로 연결되어 있어야 합니다.

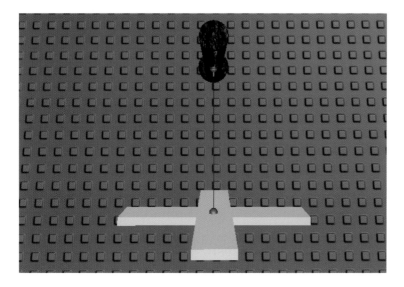

 힌지의 연결 표시가 직선이면서 수평이 되도록 합니다. 조금 삐뚤어지는 건 괜찮지만 너무 비뚤어져 있으면 지탱하지 못하고 흔들릴 수 있습니다.

14 탐색기 창에서 'HingeConstraint'를 선택한 다음 속성 창에서 'ActuatorType(힌지의 타입)'을 'Motor(모터)'로 변경합니다.

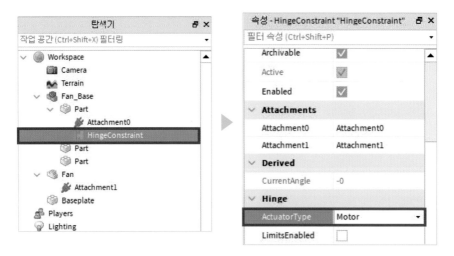

15 'AngularVeloctiy(모터의 속도)'를 '0.5'로 변경하고 'MotorMaxTorque(모터 회전력)'의 값을 '100000'으로 변경합니다.

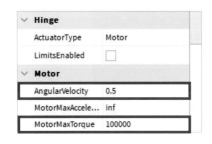

TIP 팬이 천천히 돌아가면 AngularVelocity(모터의 속도) 값을 높여 빠르게 돌아가도록 만들 수 있습니다. 적절하게 조절해 봅니다.

16 [홈] 탭 – [플레이]를 클릭하여 파트들이 어떻게 되는지 확인합니다.

팬은 어떻게 되었나요?

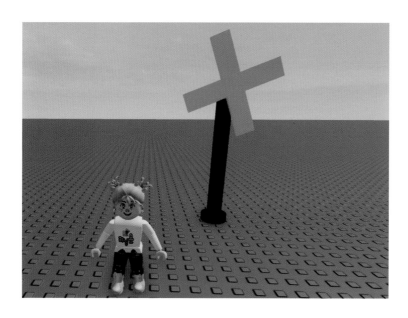

여러 개의 팬을 만들어 풍력 발전소를 만들어 보세요.

CHAPTER 10

파트를 자유롭게 움직이기 2

이번에는 로블록스 스튜디오의 물리적 속성 중 막대(Rod)와 밧줄(Rope)의 차이점을 알아보고 각각의 특성을 활용하여 놀이터에서 재미있게 탈 수 있는 놀이 기구 중 하나인 그네를 만들어 보겠습니다.

모델링 익히기

그네 만들기

01 [홈] 탭 – [파트] – [원통]으로 그네를 지탱할 수 있는 바(Bar)를 만듭니다.

02 바를 지탱할 수 있는 기둥을 원통 파트로 만들어 그림과 같이 배치합니다.

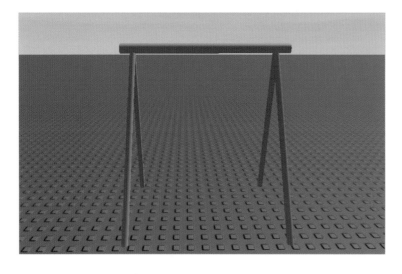

03 탐색기 창에서 'WorkSpace'의 '+'를 클릭하고, 개체 선택에서 'Seat'를 검색한 후 클릭합니다.

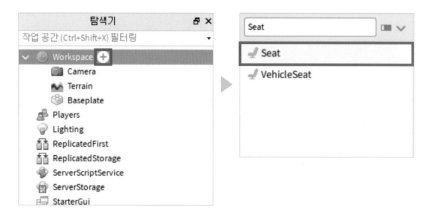

NOTE

Seat(앉을 수 있는 좌석)

Seat란 플레이어 캐릭터가 앉을 수 있는 개체를 말합니다. 캐릭터가 활성화된 Seat 개체를 터치하면 내장되어 있는 스크립트에 의해 플레이어가 Seat 위에 앉을 수 있습니다. Seat는 다양한 용도로 사용이 됩니다.

– 스크립트 프로그래밍 없이 의자나 벤치 만들기
– 캐릭터가 차량과 같은 움직이는 물체에 튕기지 않고 '앉을' 수 있도록 허용

04 'Seat' 개체를 그네에 앉을 의자로 사용하기 위해 적절하게 띄웁니다.

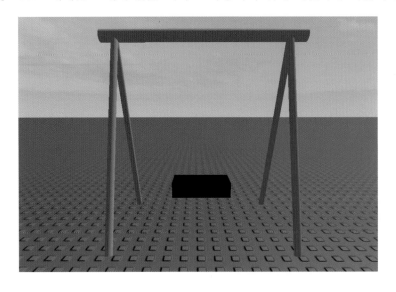

05 그네와 바를 연결할 밧줄(Rope)을 부착하기 위해 두 개의 작은 파트 블록을 생성하여 그림과 같이 의자 위쪽에 배치합니다.

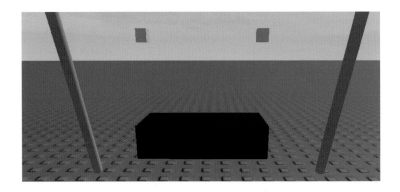

NOTE

막대(Rod)와 밧줄(Rope)

막대(Rod) : 파트와 파트를 연결하여 움직이지 않도록 고정하는 역할을 합니다.

밧줄(Rope) : 파트와 파트를 연결하는 것은 막대와 같지만, 아래에 매달린 파트가 막대에서는 외부 압력에 흔들리지 않는 반면 밧줄에 연결되면 외부의 힘에 물체가 흔들립니다.

06 [모델] 탭 – [만들기] – [밧줄]을 클릭합니다.

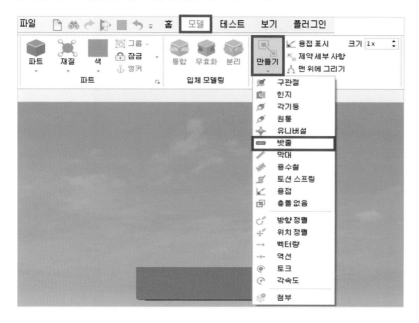

07 그네를 지탱하는 바 파트에 밧줄을 부착합니다.

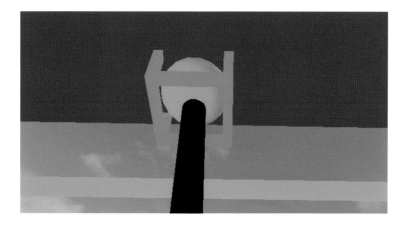

08 두 번째는 그네를 연결할 파트 상단에 부착합니다.

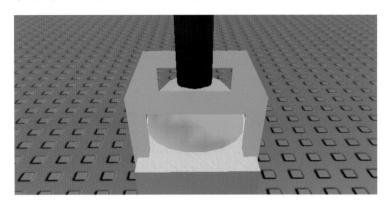

09 밧줄이 연결된 모습입니다. 밧줄이 휘어지시 않고 직선으로 연결될 수 있도록 합니다.

10 옆의 파트도 밧줄이 휘어지지 않도록 똑같이 연결해 줍니다.

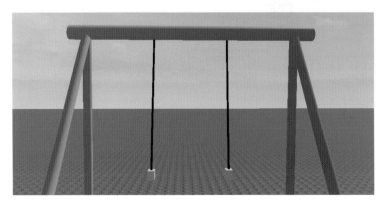

11 그네 의자와 두 개의 작은 파트 블록을 연결하기 위해 밧줄을 연결합니다. 의자가 흔들리지 않게 하기 위해 의자 4군데에 연결해 보겠습니다.

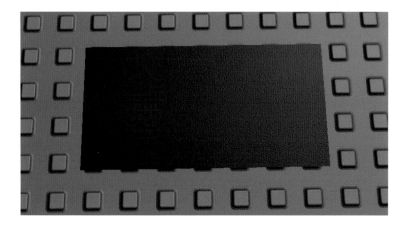

12 [모델] 탭 – [만들기] – [밧줄]을 클릭합니다. 첫 번째는 작은 파트 블록 앞면에 부착하고 두 번째는 의자의 모서리에 부착합니다. 앞면의 두 군데 모두 아래 그림처럼 부착합니다.

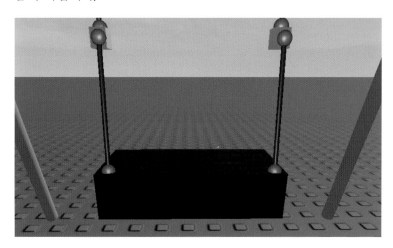

13 의자의 뒷부분도 앞 부분과 동일한 방법으로 밧줄을 부착해 줍니다.

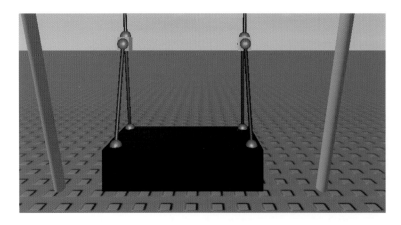

14 게임 플레이를 했을 때 플레이어가 그네를 타도 그네가 흔들리지 않고 지탱할 수 있도록 밧줄을 지탱하는 블록 파트와 의자를 용접(Weld)해 줍니다.

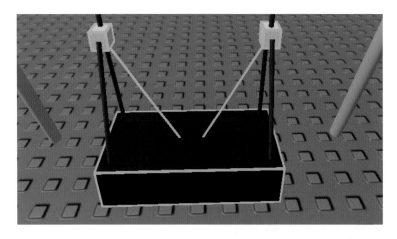

용접(Weld)

터치 여부와 상관없이 두 파트를 함께 고정하는 데 사용됩니다. 그림에서처럼 그네 의자 파트가 밧줄에만 연결되어 있으면 외부 힘에 의해 마구 흔들릴 수 있습니다. 용접 기능을 사용하여 그네의 물리적인 작동이 원활하게 이뤄질 수 있도록 해 줍니다.

1) [모델] 탭 – [만들기] – [용접] 클릭

2) 밧줄을 지탱하는 블록 파트 클릭 후 그네 의자 클릭

3) 왼쪽, 오른쪽 모두 블록 파트와 그네 의자를 용접

15 그네 만들기가 완성이 되었으면 파트들의 재질과 색상을 자유롭게 변경합니다.

16 [홈] 탭 – [플레이]를 실행하여 그네가 잘 움직이는지 확인합니다.

NOTE

게임 플레이 시 그네가 쓰러진다면?

고정(Anchored)을 했는지 확인합니다. 만약 고정이 안되어 있다면 고정을 '꼭' 해야 게임 플레이를 했을 때 파트들이 쓰러지지 않습니다.

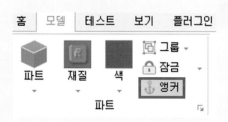

혼자서도 잘해요

친구들과 함께 탈 수 있는 그네를 두 개 만들어 봅니다.

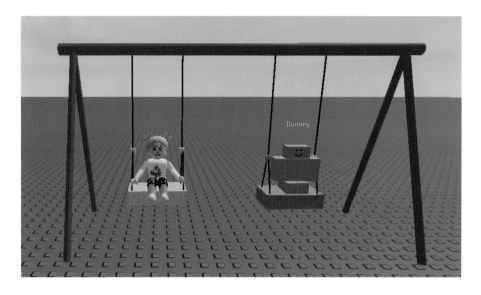

CHAPTER 11

놀이터 만들기

놀이터에는 여러 놀이 기구가 있습니다. 이 놀이 기구들은 다양한 물리적인 방법으로 움직일 수 있도록 되어 있습니다. 우리는 이미 로블록스 스튜디오에서 다양한 물리적인 움직임에 대해 학습하였습니다. 이번 시간에는 로블록스에 나만의 놀이터를 만들어 보도록 하겠습니다.

모델링 익히기

기본 지형 만들기

앞서 파트를 움직이게 하는 힌지(Hinge), 막대(Rod), 밧줄(Rope) 등 다양한 물리적인 요소에 대해 학습하였습니다. 로블록스의 모든 파트를 활용하여 나만의 놀이터를 만들어 보세요.

01 [새로 만들기] – [모든 템플릿] – [Baseplate] 또는 [Classic Baseplate]를 선택합니다.

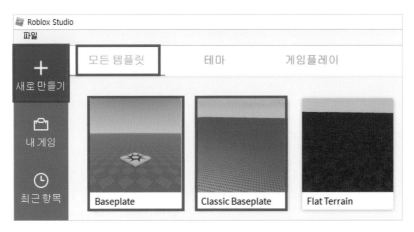

02 [홈] 탭 – [파트] – [블록]을 생성하여 놀이터의 바닥 지형을 만듭니다. 사이즈는 X: 150, Y:1, Z:150로 설정합니다.

03 파트의 이름을 'Base'로 변경한 다음 파트의 재질을 '모래'로 변경하고, 색상도 모래 색상으로 변경해 줍니다.

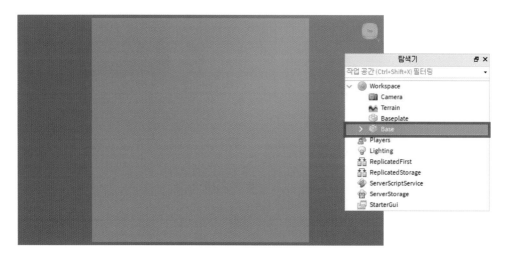

04 파트를 하나 더 생성합니다. 크기는 'Base' 파트보다 작게 만들어 줍니다.

05 파트의 재질은 '잔디', 색상은 '녹색'으로 변경합니다. 또는 기본 모래 색상보다 더 밝은 색으로 해 주어도 됩니다.

01 [홈] 탭 – [파트] – [원통]을 생성하여 회전 놀이 기구의 돌림판 베이스를 만듭니다.

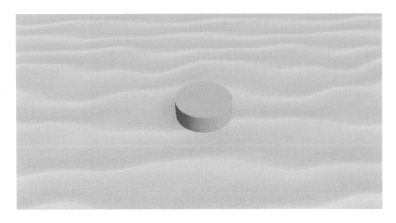

02 베이스를 복제(Ctrl+D)하여 돌림판 상판을 만듭니다.

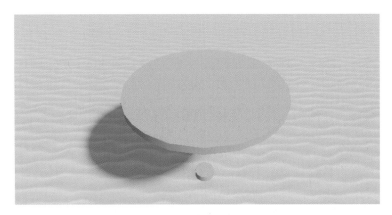

03 돌림판의 재질과 색상을 자유롭게 변경합니다.

04 회전 놀이 기구가 돌아갈 때 중심을 잡아 줄 기둥을 만들어 보겠습니다. [홈] 탭 – [파트] – [블록]을 생성하여 돌림판 중앙에 세웁니다.

05 기둥 파트를 복제한 후, 캐릭터가 잡을 수 있는 바 부분을 + 형태로 연결합니다.

06 4개의 바를 지탱할 기둥도 만들어 돌림판에 고정합니다.

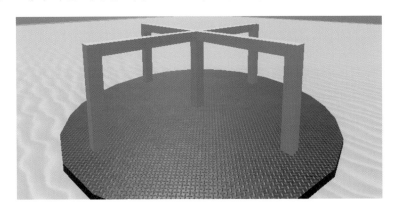

07 제작이 완료되었으면 재질과 색상을 변경합니다.

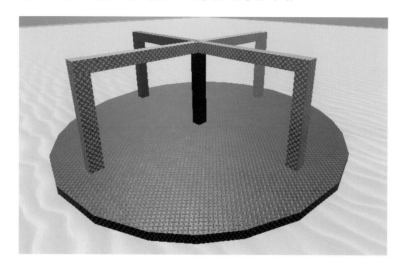

08 아래 돌림판 베이스는 고정(Anchored)하고, 돌림판 상판과 잡을 수 있는 기둥 및 바는 모두 드래그한 후 [모델] 탭 - [통합]으로 하나의 파트로 변경합니다. 통합이 잘 되었는지는 탐색기에서 확인합니다.

돌림판 베이스 고정하기

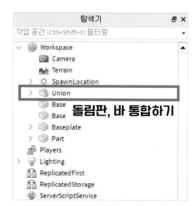

돌림판, 바 통합하기

09 [모델] 탭 – [만들기] – [힌지]를 선택합니다. 힌지 첫 번째는 아래 돌림판 베이스에 부착하고 두 번째는 돌림판 상판에 부착합니다.

10 연결된 돌림판 상판을 돌림판 베이스 쪽으로 이동시켜 줍니다.

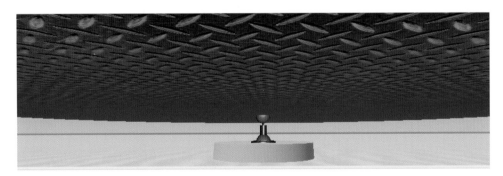

11 탐색기에서 'HingeConstraint'를 선택한 다음 속성 창에서 'ActuatorType(힌지의 타입)'을 'Motor(모터)'로 변경합니다.

12 'AngularVeloctiy(모터의 속도)'를 '1'로 변경하고 'MotorMaxTorque(모터 회전력)'를 '1000'으로 변경합니다.

 돌림판이 천천히 돌아가면 AngularVelocity(모터의 속도) 값을 높여 빠르게 돌릴 수 있습니다. 적절하게 조절해 봅니다.

13 [홈] 탭 – [플레이]를 실행하여 파트들이 어떻게 되는지 확인합니다.

놀이 기구는 어떻게 되었나요?

파트를 이용하여 시소를 제작합니다. 시소의 기둥은 고정하고 좌석은 고정하지 않습니다.

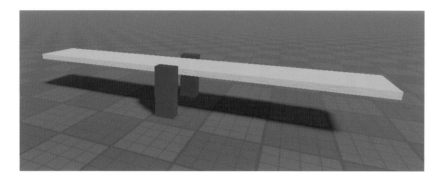

❶ 힌지(Hinge)를 사용합니다.
❷ 힌지(Hinge)는 1개만 사용합니다. 양쪽에 힌지가 모두 있으면 작동하지 않습니다.
　 가장 적은 수로 제작합니다.

CHAPTER 12

나만의 월드 완성하기

상상의 월드를 구축하느라 머리가 아픈가요? 상상 속에 있는 멋진 아이디어를 로블록스 같은 디지털 포맷으로 바꾸는 건 쉽지 않습니다. 플레이어가 계속 흥미를 가질 수 있을 만한 게임을 만드는 건 많은 창의성과 노력이 필요합니다. 자, 이제까지 배운 것을 조합해서 나만의 월드를 완성하여 로블록스에 게시해 보도록 하겠습니다.

나만의 월드 완성하기

도구 상자(Toolbox) 사용하기

놀이터를 만들 때 놀이 기구를 하나하나 제작하지 않고 도구 상자를 이용하여 필요한 개체를 검색해서 불러올 수 있습니다.

01 [보기] 탭 – [도구 상자]를 클릭하면 화면 왼쪽에 도구 상자 목록이 나타납니다.

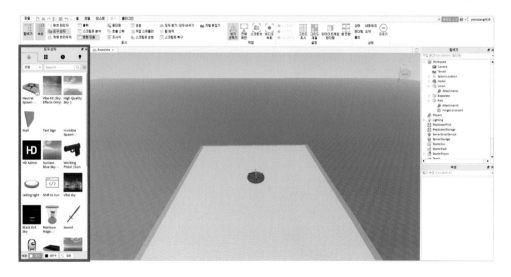

NOTE

도구 상자의 재료들

도구 상자에는 개체를 만들 때 사용할 수 있는 다양한 모델들이 이미 제작되어 있습니다. 로블록스 개발자 및 유저들이 제작해서 업로드해 둔 좀비, 나무, 집, 배경 등의 개체들을 다른 사람들이 도구 상자에서 불러와 사용할 수 있죠. 개체, 이미지, 소리, 비디오 등 다양한 카테고리가 있으며, 직접 제작하지 않아도 손쉽게 도구 상자에 있는 것들을 활용하여 게임을 제작할 수 있습니다.

02 도구 상자 검색 창에 'slide'라고 입력하면 많은 종류의 재료들이 검색됩니다.

03 원하는 모델을 클릭하면 로블록스 스튜디오의 템플릿에 자동으로 모델이 배치됩니다.

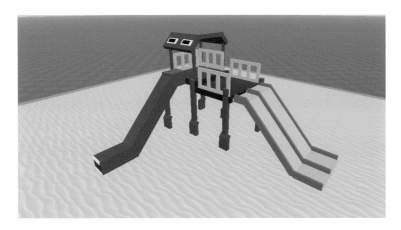

04 놀이터에 관련된 다양한 모델을 검색하고 불러옵니다.

내가 만든 개체(모델) 업로드하기

이전 시간 동안 만든 개체들은 내가 만든 게임, 월드에만 존재합니다. 내가 사용하고 싶을 때마다 다시 만드는 번거로움을 없애려면 이를 저장하고 로블록스 사이트에 업로드해야 합니다. 그러면 다음에 같은 모델을 다시 만들지 않고도 내 도구 상자에서 언제든지 불러와서 사용할 수 있습니다.

01 내가 만든 개체를 업로드하기 위해, 저장하려는 개체의 모든 부분을 선택한 후 [모델] 탭 – [그룹]을 클릭하여 그룹화합니다. 그룹화한 파트 이름은 'Swing'으로 변경합니다.

02 이름을 변경한 개체를 마우스 오른쪽 버튼으로 클릭한 후 [Roblox에 저장]을 선택합니다.

03 개체를 저장하기 위한 창이 나옵니다. 이름을 확인한 후 변경할 사항이 없으면 [제출]을 클릭하여 저장합니다.

04 저장이 완료되면 성공했다는 화면과 개체의 고유 'ID'가 생성됩니다.

05 저장한 개체는 도구 상자의 인벤토리에서 찾을 수 있습니다.

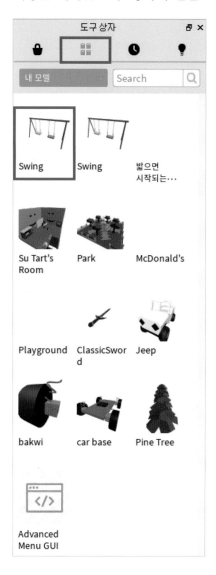

06 내가 제작한 '시소'도 저장한 후, 도구 상자에서 불러와 템플릿에 배치하여 나만의 놀이터를 완성해 봅니다.

NOTE

도구 상자에 있는 것을 그대로 사용하면 안돼요!

도구 상자의 좋은 점은 보이는 그대로 사용하지 않아도 된다는 것입니다. 색상, 재질을 원하는 대로 변경할 수 있고, 맞춤화할 수 있습니다. 만약 로블록스에 나의 작품을 올릴 예정이라면 이러한 것들을 바꾸는 것이 좋습니다. 유저들은 보통 남들과 똑같은 작품을 좋아하지 않으며, 다른 사람들이 만든 개체에 바이러스가 있을 수 있으니 남용하는 것은 추천하지 않습니다.

나만의 월드 완성하기

그동안 제작했던 나만의 방, 나만의 공원을 한 템플릿에 모아 나만의 월드를 완성해 봅니다.

01 나만의 방, 나만의 공원을 각각 전체 그룹화하여 저장합니다.

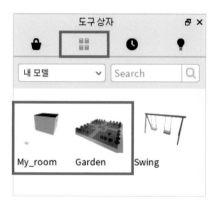

02 저장한 개체를 마지막으로 제작한 '나만의 놀이터' 파일에 불러온 후 적절하게 배치합니다.

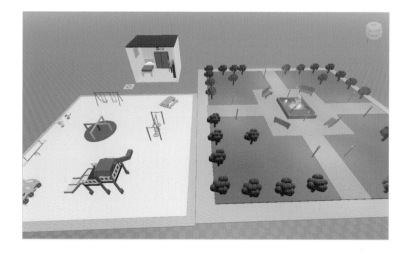

03 완성한 파일은 [파일] – [파일에 저장] 또는 [Roblox에 저장]을 선택합니다.

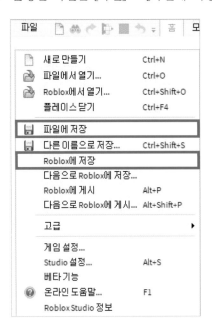

04 [Roblox에 저장]을 클릭하면 기본 정보를 입력하는 화면이 나옵니다. 파일 이름과 설명을 기재한 후 [만들기] 버튼을 클릭합니다.

05 '게시 성공!'이라는 메시지가 나오면 로블록스에 저장 완료된 것입니다.

내가 만든 작품을 다른 친구들과 함께 즐기거나 공유하려면 게임을 로블록스 서버에 게시하여야 합니다. 서버에 게시하는 방법을 알아보도록 하겠습니다.

01 저장한 파일을 닫고 로블록스 스튜디오의 첫 화면으로 돌아갑니다. 내 게임을 클릭하면 저장한 파일을 확인할 수 있습니다.

02 게시하려는 파일에 마우스를 가져다 대면 오른쪽 상단에 […]이 나타납니다.

03 [···]을 클릭하면 다음과 같은 화면이 나타납니다. 비공개로 되어 있다면 [공개 설정]을 클릭하여 서버에 게시합니다.

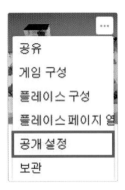

04 내가 만든 월드를 친구들에게 공유하려면 [공유]를 클릭 후 공유할 방법을 선택하면 됩니다.

혼자서도 잘해요

나만의 방, 나만의 공원에 더 추가할 개체가 있다면 도구 상자에서 더 추가하여 생기있는 월드를 만들어 보세요.

로블록스로 만드는
나만의 상상 놀이터
모델링편

1판 1쇄 발행   2022년 5월 31일

저　　자 | ㈜로보로보
발 행 인 | 김길수
발 행 처 | ㈜영진닷컴
주　　소 | (우)08507 서울 금천구 가산디지털1로 128
　　　　　 STX-V타워 4층 401호
등　　록 | 2007. 4. 27. 제16-4189호

©2022. ㈜영진닷컴

ISBN | 978-89-314-6634-8

YoungJin.com Y.
영진닷컴